Desmitifica la imagen de ti mismo

El arte de atraer lo que quieres al convertirte en lo que quieres

(sin demasiado esfuerzo)

Ley de la atracción - libros cortos, n° 8

Por Elena G. Rivers

Copyright Elena G. Rivers © 2021 - Todos los derechos reservados.

ISBN: 978-1-80095-089-4

El contenido incluido en este libro no puede reproducirse, duplicarse o transmitirse sin el permiso directo por escrito del autor o del editor.

Aviso Legal:

Este libro está protegido por derechos de autor. Es solo para uso personal. No se puede modificar, distribuir, vender, usar, citar o parafrasear ninguna parte o el contenido de este libro sin el consentimiento del autor o editor.

Aviso de Exención de Responsabilidad:

Tenga en cuenta que la información contenida en este documento es solo para fines educativos y de entretenimiento. Todo el esfuerzo se ha ejecutado para presentar información precisa, actualizada, confiable y completa. No se declaran ni implican garantías de ningún tipo. Los lectores reconocen que el autor no participa en la prestación de asesoramiento legal, financiero, médico o profesional.

Al leer este documento, el lector acepta que en ningún caso el autor es responsable de las pérdidas, directas o indirectas, que se incurran como resultado del uso de la información contenida en este documento, incluidos, entre otros, errores, omisiones o inexactitudes.

Contenido

Introducción: El arte de cambiar sin cambiar............ 7

Capítulo 1: El arte de convertirse en una persona completamente nueva.. 15

Capítulo 2: Libera tus antiguos programas y deja de luchar contra ti mismo (El arte de manifestar desde la neutralidad).. 32

Capítulo 3: Cuando la motivación puede volverse en tu contra (Los peligros ocultos del desarrollo personal) 38

Capítulo 4: Crea nuevos hábitos agradables y una disciplina alineada (y algo crucial que la mayoría no percibe).. 50

Capítulo 5: Por qué la nueva imagen de ti mismo quiere ponerte a prueba (Cuando los resultados negativos no son tan negativos).. 59

Capítulo 6: Cuando la abundancia no sigue a la confianza... 64

Capítulo 7: El simple cambio de mentalidad detrás de una motivación imparable.. 73

Capítulo 8: Crea tu propio proceso y manifiesta los resultados deseados.. 81

Capítulo 9: Evita estos obstáculos ocultos (y toda la verdad sobre el FOMO).. 85

Capítulo 10: Amplifica la imagen de ti mismo con pensamientos poderosos (Lo que los gurús no quieren que sepas) 89

Conclusión: Cree en ti 93

Más Libros de Elena G.Rivers en Español 95

Introducción: El arte de cambiar sin cambiar

Solía pensar que cambiar la forma en la que me veía a mí misma se trataba de hacer un esfuerzo para adquirir mejores habilidades sociales o intentar parecer más segura de mí misma, para que quienes me rodeaban vieran mi nuevo poder y me aceptaran.

Solía pensar que cambiar la forma en la que me veía a mí misma se trataba de actuar, de fingir y obligarme a ser alguien más para manifestar mis sueños y, después, con el paso del tiempo; me sentiría mejor conmigo misma.

Por último, solía pensar que si veía a alguien más tener éxito e imitaba lo que hacía, me comportaba y actuaba exactamente de la misma manera, por fin tendría éxito.

Lamentablemente, esta manera de pensar me llevó por el camino equivocado durante años. Años de esforzarme para ser alguien que no era, en los que manifestaba algo que, para empezar, no era para mí, no me hacía feliz y ni siquiera representaba mi verdadera meta.

Sin embargo, ahora miro atrás y estoy agradecida por todo por lo que pasé, porque pude aprender de mis errores. Mis viejos desencadenantes ahora son mis sanadores y todo es gracias a mi proceso. En verdad me siento segura como para escribir este libro, ¡y espero que te anime y te inspire a ti también en tu camino!

Verás, observo este patrón todo el tiempo, sobre todo en grupos de desarrollo personal. "Quiero cambiar; quiero mejorar".

No me malinterpretes: estoy a favor del desarrollo personal y el aprendizaje; yo también estoy en ese proceso. Nunca termina y es realmente fascinante. Desde que descubrí el poder de la imagen auténtica de uno mismo, mi proceso de desarrollo personal y espiritual fue mucho mejor y más efectivo. Logré resultados mejores y más rápidos en menor tiempo, sin desperdiciarlo en "intentar mejorar" o "intentar aprender más".

Solía esforzarme para ser mejor, porque en el fondo creía que no era lo suficientemente buena. Solía decirme a mí misma: "cuando por fin descubra aquello, ese secreto o ese método en particular, seré capaz de transformar mi vida y atraer todo lo que deseo".

(Por cierto, en ese entonces, realmente no sabía cuáles eran mis verdaderos deseos; así que me esforzaba por manifestar los deseos y las metas de otras personas, para que ellas me aprobaran y por fin pudiera sentirme mejor conmigo misma).

Pero esta es la verdad más considerable que he descubierto: cambiar la forma en la que te ves a ti mismo no se trata tanto de cambiar o esforzarte para ser alguien más. Se trata de volver a tus raíces y a tu naturaleza. Se trata de aceptar quién eres sin intentar ocultar tus imperfecciones o buscar validación o aprobación externa. Se trata de agradecer cada pequeño paso que das en tu camino y amarte tal y como eres.

Se trata de aceptar el hecho de que ya eres lo suficientemente bueno y que nada tienes que mejorar. En cambio, puedes permitirte actuar desde la curiosidad y la exploración consciente.

Por ejemplo, cuando compras un libro, pagas por un programa de desarrollo personal o de espiritualidad, realizas un entrenamiento profesional (negocios, marketing, etcétera) o haces cualquier otra inversión para desarrollar tus habilidades, lo que aprenderás será mucho más efectivo si realmente entiendes lo siguiente:

Estás bien tal y como eres. No tienes que cambiar nada. En cambio, concéntrate en explorar tu interior de manera consciente y dichosa, desde un lugar de curiosidad y autenticidad.

Este es precisamente el enfoque que tomaremos en este libro. Hasta donde sé, se supone que esta será una experiencia divertida y agradable. No queremos experimentar ningún tipo de resistencia mientras atravesamos este proceso.

Al mismo tiempo, en ocasiones, podrás experimentar sentimientos negativos de culpa o remordimiento hacia ti mismo.

Por ejemplo, muchas personas comienzan a tener pensamientos como estos: "¿por qué perdí tanto tiempo persiguiendo algo que en realidad no era mi objetivo? O ¿por qué no pensé antes en todo esto? ¡Me habría ahorrado años de esfuerzo y frustración en vano!".

Y sí, como dije antes, yo también he pasado por esto. Solía ser la reina de la culpa. Pero hay algo que debes entender: cambiamos todo el tiempo. Nuestras emociones, energías y mentalidades están en constante evolución. Y siempre hacemos lo mejor que podemos con lo que tenemos. Por lo tanto, no te preocupes por lo que podría haber sucedido si hubieras conocido ciertas técnicas en una etapa más temprana del proceso.

En cambio, elige agradecer. Ahora veo las cosas de otro modo: *no fracasamos: tenemos éxito o aprendemos*. Por consiguiente, todo lo que has vivido en tu camino hasta este momento, te trajo hasta este preciso instante. Incluso las experiencias negativas te hacen más fuerte si dejas que te conviertan en una persona más fuerte.

Por lo tanto, si alguna vez tienes pensamientos negativos o contraproducentes mientras lees un libro de autoayuda (hasta un libro que está pensado para ser alegre y optimista, como este), permítete vivir ese sentimiento desde la neutralidad. Solo déjalo ser.

Y luego, dale las gracias por guiarte. Solo di: *"gracias por hacerme saber y recordarme que mi camino es vital. Además, gracias por protegerme durante tanto tiempo. Pero ahora elijo seguir adelante y soltar. Todo se trata de aprender y, nadie es perfecto"*.

Para darte un ejemplo, hace poco tuve una conversación con alguien de la comunidad de la ley de atracción. Esta persona es un gurú establecido en el ámbito de la espiritualidad, con muchos programas éxitos en ventas en su haber y miles de estudiantes exitosos. A pesar de todo su éxito, él me dijo que tenía ganas de cambiar uno de sus programas por completo, ya que sentía que estaba equivocado y por este motivo se sentía mal al compartir su mensaje con tantas personas.

Le pregunté: "¿por qué piensas que estás equivocado? Tus programas son excelentes, en mi opinión. Mientras los realizaba, tuve muchos momentos de realización, al igual que muchas otras personas".

Y él me dijo: "sí, pero siento que otros maestros lo hacen mucho mejor, pues tienen más seguidores y, por eso, el público asume automáticamente que su método es mejor. Ese pensamiento me hizo dar cuenta de que tal vez no tomé la decisión correcta con mi curso. Al momento de crearlo, no sabía todo lo que sé ahora".

Le dije: "mira, diferentes personas resuenan con diferentes ideas y filosofías. Tan pronto te enfoques en lo que realmente eres y en lo que crees, y crees desde la autenticidad y el alineamiento, atraerás personas que piensen y sientan de manera similar. ¡Tal como lo estás haciendo ahora!

Y, por supuesto, como maestro también eres estudiante y, siempre estás aprendiendo y ampliando tu conocimiento. Hoy sabes y entiendes más de lo que sabías hace unos años. Puedes elegir sentirte conforme porque estás creciendo y evolucionando, o puedes elegir castigarte porque, hace cinco años, tu contenido no era tan bueno como lo es ahora".

Por favor, ten en cuenta, querido lector, que la historia que acabo de contarte aplica para casi cualquier ámbito de la vida, no solo los negocios o los emprendimientos creativos.

Y que cuando te embarques en la aventura de explorar tu propia imagen y de trabajar en tu mentalidad y energía, tú también podrás quedar atrapado en medio de pensamientos negativos y de culpa. Por supuesto que no digo esto para ser pesimista, y tampoco estoy diciendo que esto definitivamente te pasará a ti. En una observación más personal, diría que sí le sucede a muchos, hasta a líderes y maestros del ámbito de la espiritualidad y del desarrollo personal.

Entonces, recuerda de nuevo que hacemos lo mejor que podemos con lo que tenemos. No se trata de perfección. Se trata de progreso.

Cuando te aferras a quien realmente eres, manifestar la realidad de tus sueños se vuelve casi automático, y no tienes que preocuparte sobre qué hacer, porque tus acciones están alineadas con tus pensamientos y sentimientos. Sabes cuáles son tus deseos. Te sientes pleno y completo, incluso antes de que tus sueños se hagan realidad. ¡De hecho, ya estás viviendo un sueño, y solo se pondrá cada vez mejor!

Es momento de crear tu propia filosofía de vida y vivir de acuerdo con ella. Es momento de diseñar tu propia misión de vida, una por la que te den ganas de salir de la cama cada mañana. ¡También es momento de dejar de compararte con los demás!

El éxito es saber quién eres y lo que quieres. No se trata de perseguir las metas de otras personas o intentar fingir que eres alguien más (yo lo he hecho, y no funcionó).

Por último, saber cuál es tu propia definición de éxito según tu propia imagen auténtica, te ayudará a crear tu propio proceso de manifestación. Atraer cosas básicas y sencillas a diario, sin resistencia, conduce a manifestaciones milagrosas. Y no puedes perder, ¡pues con este sistema, o tienes éxito, o aprendes!

Es momento de volver a tu propio camino de vida, mientras diseñas de forma consciente tu filosofía, tu misión y tu proceso.

Y si esta es la primera vez que estás leyendo uno de mis libros, a pesar de que es parte de la serie de *Lecturas cortas sobre la ley de la atracción*, puedes leerlo por sí solo. No necesitas leer ningún otro libro de la serie para entender mi enfoque sobre la imagen de uno mismo, la manifestación y la ley de la atracción.

Al igual que la mayoría de mis libros, este también fue escrito como un sistema práctico paso a paso. Sin embargo, mi intención no es adoctrinar al lector para pensar o actuar de una determinada manera. Por lo tanto, a pesar de que considero que este libro es más efectivo si lo sigues paso a paso y lo lees varias veces, quiero que uses tu propio juicio e intuición. Mi intención con este libro (y con todos mis libros, en realidad) es ayudar a mis lectores y darles herramientas que puedan usar para formar su propio sistema de transformación. Después de todo, ¡todos somos diferentes! Por lo tanto, a medida que leas este libro, siéntete libre de tomar lo que gustes y rechazar el resto.

Mi misión es contribuir a elevar la vibración del planeta, ayudando a las personas a ayudarse a ellas mismas y a los demás. Todo comienza en tu interior. Espero que este libro te brinde al menos una idea o herramienta útil que puedas usar para manifestar la realidad de tus sueños. Sin embargo, no te olvides que ya estás viviendo en una, ¡y solo se pondrá cada vez mejor!

Capítulo 1: El arte de convertirse en una persona completamente nueva

Un cambio de identidad auténtico y alineado será nuestro amigo más preciado a lo largo de este camino. De esta manera, podremos crear un cambio de energía y mentalidad permanente que nos ayudará a convertirnos en la próxima versión de nosotros mismos y a alcanzar nuevos niveles de éxito y plenitud en nuestras vidas.

Cualquier cosa que veas en el mundo físico y desees atraer a tu vida, requiere un cambio interno y, ambas cosas tienen que estar alineadas.

Sí, puedes lograr o atraer algo por pura suerte. Por ejemplo, una persona puede ganar o heredar una gran suma de dinero. Sin embargo, como su mundo interno puede no estar completamente alineado con ese dinero, podrá sabotear su suerte y perderlo todo.

Otro error que cometen las personas es pensar que quieren algo, cambiar su mundo interno y esforzarse para atraerlo. Sin embargo, en el proceso se convierten en alguien que no están destinadas a ser (como ya te comenté en la introducción) y manifiestan una realidad que no las hace tan felices como pensaban que serían (sí, a mí también me ha pasado). Por lo tanto, les lleva aún más trabajo y esfuerzo volver a su vieja identidad o intentar desesperadamente encontrar algo diferente.

Tu mundo externo refleja tu mundo interno y eso es algo fantástico, porque significa que de verdad logramos darle forma a nuestra realidad.

Por desgracia, la mayoría de las personas solo quieren cambiar su identidad ciegamente sin entender lo que quieren. Por ejemplo, durante años pensé que quería convertirme en una *influencer* famosa, con gran presencia en las redes, y ofrecer cursos costosos solo porque veía a otras personas hacer lo mismo. No ahondé lo suficiente en mi sabiduría e intuición internas como para resolver lo que quería hacer con mi vida. Al mismo tiempo, estaba estancada en el querer y, como la meta que puse en un pedestal no era para mí de todas maneras, pasar a la acción me parecía extremadamente difícil. Como resultado, lo que podría haber hecho en tres meses me tomaría más de tres años.

Por suerte, al fin desperté y volví a conectar con mi deseo genuino de ser escritora. Todo se volvió más fácil para mí y, no solo eso, sino que también pude poner mi energía en algo que tenía el potencial de ayudar e inspirar a personas alrededor del mundo.

Saber cuáles son tus metas actuales es algo crucial, pero no seas duro contigo mismo si te toma tiempo resolverlo. El proceso de entender y probar conscientemente diferentes opciones, también puede ser divertido y puede ayudarte a convertirte en una persona proactiva que nunca se rinde, que ama investigar diferentes opciones y probarlas sin obsesionarse demasiado con el resultado final. En otras palabras, ser tu propio detective para descubrir cuáles son tus metas y tus deseos, puede ser una meta y un proceso en sí mismos. Si eres uno de esos buscadores que se siente mal porque aún no sabe cuál es su visión o propósito, no te preocupes. ¡Conviértete en un detective por ahora y disfruta la experiencia!

Aparte de saber lo que quieres y cuáles son tus metas y deseos actuales, tienes que tener en claro en quién te tienes que convertir para atraerlos. En otras palabras, debes alinear tu mundo interno con la forma en la que te gustaría verte en tu mundo físico. ¡La nueva imagen de ti mismo será el puente en esta particular misión!

Cuando digo "tienes que tener en claro en quién te quieres convertir", ten en cuenta que, en ciertos casos, esto implica volver a ser la versión joven y más auténtica de ti mismo; la persona apasionada que eras antes de distraerte con intentar ser alguien que no estás destinado a ser y terminar agotado.

Pregúntate: ¿cómo se sentiría ampliar tu zona de confort actual, sin resistirte, para vivir la realidad de tus sueños? ¿Cuáles son los pequeños pasos que debes dar ahora mismo para vivir la realidad de tus sueños? En mi caso, por ejemplo, es seguir escribiendo este libro. Mientras que a mi antigua yo le gusta aparecer de vez en cuando para decirme que pierda mi tiempo mirando Facebook, sigo aquí escribiendo. Entiendo que esto me ayuda a ampliar mi zona de confort y a alinearme con la nueva imagen de mí misma.

Tienes que ser alguien que se sienta genuinamente seguro para comenzar a hacer cosas nuevas, pensar nuevas ideas y ser en general una nueva persona. Hay varios pasos que puedes dar incluso antes de terminar de leer este libro.

Tu entorno (físico y social) importa.

Solía encontrarme en un entorno negativo, en el que las personas eran complacientes y no apoyaban mis metas. Sin embargo, me apasionaba el desarrollo personal y aprender más sobre la ley de atracción. Durante mucho tiempo me sentí terrible conmigo misma, y hasta pensé que había algo mal conmigo, porque mis viejos amigos solían reírse de mí. Recuerdo hablar de libros como *Piense y hágase rico* y oír comentarios como "bueno, desde ahora le voy a decir a mi jefe que quiero que me pague, ¡solo con el pensamiento!" o libros como *Cómo ganar amigos e influir sobre las personas* y oír comentarios como "¡jaja! ¿Tienes que leer libros sobre cómo hacer nuevos amigos? ¡Jaja! Tal vez, en lugar de comprar todos esos libros, podrías darme tu dinero o comprarme unos tragos, ¡y te diré como hacer amigos!".

Eso fue hace muchos, muchos años, y de hecho me río al pensar otra vez en ello. Pero en ese entonces, sentí que todos esos comentarios me lastimaron mucho y, durante mucho tiempo, sentí que estaba dividida. Tenía miedo de perder a quienes pensaba que eran mis amigos en ese momento, pero a la vez quería explorar mi desarrollo personal, ya que una parte de mí sentía que podía mejorar mi vida y hacer algo positivo en este mundo.

Entonces, en resumen, me mudé de ciudad y lo usé como excusa para dejar de ver a mis amigos. Al mismo tiempo hice nuevos amigos, quienes también estaban interesados en el desarrollo personal. Por fin podía hablar de todos esos increíbles libros que estaba leyendo y, como a mis nuevos amigos les interesaban los seminarios, ¡me sentía feliz de finalmente poder asistir a uno de ellos!

Esa simple experiencia me enseñó la importancia de elegir mi entorno a conciencia. Tus resultados, tus ambiciones y tu energía están fuertemente influenciadas por las personas con las que te rodeas. Y el efecto que tienen en ti puede ser positivo, negativo o neutro. Sin embargo, siempre puedes escoger un nuevo círculo de amigos. Ten en cuenta que no estoy diciendo que tienes que hacer lo que yo hice y dejar atrás a tus amigos; a menos, claro, que los consideres tóxicos, no te sientas más alineado con ellos de ningún modo, ni tengan cosas en común (así es como yo me sentí).

Cambiar de ciudad o de país puede ser una opción para quienes pueden hacerlo. A pesar de que esta opción no es para cualquiera, significa, sin dudas, un salto de fe; ya que te obliga a adaptarte y convertirte en una persona diferente y, como resultado, alterar la imagen de ti mismo.

Sin embargo, también puedes elegir cambiar tu entorno interno. Incluso sin dejar atrás a tus viejos amigos y alrededores.

Cambiar de lugar y de amigos constantemente, también puede convertirse en un patrón negativo de escapar de lo viejo y buscar lo nuevo; yo también he pasado por eso.

La conclusión es la siguiente: ¿qué es lo que consume tus pensamientos, tus acciones y tu energía? ¿Acaso esa fuente es positiva y está alineada con tus nuevos deseos y metas, o es negativa y te priva de todo tu potencial creativo?

Para ayudarte a entenderlo mejor, haré una breve presentación del concepto de péndulo, uno de los pilares principales de mi libro favorito: *Reality Transurfing*, del escritor y físico cuántico ruso Vadim Zeland.

En su libro, Vadim Zeland explora el concepto de péndulos, unas estructuras invisibles de energía e información que nos afectan de forma directa en la vida cotidiana e incluso pueden controlar cómo actuamos, sentimos y pensamos en varias ocasiones.

Existen péndulos positivos y negativos. No todos los péndulos son malos. Por ejemplo, digamos que quieres manifestar una habilidad nueva. Quieres hablar francés de manera fluida o aprender a tocar el piano. En línea con tu meta, puedes buscar grupos, cursos, comunidades y personas en línea que compartan la misma pasión o el mismo propósito. Dicho de otro modo, puedes unirte a un péndulo positivo de personas que están en un proceso similar y emanan una misma energía unificadora. Incluso puedes invertir en clases o cursos. Este sería un ejemplo de un péndulo positivo que te ayuda a convertirte en la persona que tienes que ser para acercarte a tus metas.

Sin embargo, también existen péndulos negativos. Un ejemplo extremo de un péndulo negativo es la guerra. Otros ejemplos podrían ser los cultos, las pandillas, las sectas o cualquier ámbito con energía de pensamiento negativo. A veces, un péndulo negativo puede parecer inocente en un principio y tentarte con algo que parece optimista. Por ejemplo, mientras perseguía mis viejas "metas", las cuales ni siquiera eran mías en mi antigua vida, era tentada por muchos péndulos disfrazados de mentores, programas y cursos que me prometían fama, gratificación y abundancia instantánea.

Los péndulos negativos saben cómo aferrarse a tus inseguridades y tu falta de claridad, y les encanta alimentarse de tu energía.

Después de leer el libro de Vadim Zeland, decidí cambiar de entorno otra vez y dejé varios grupos de mentes maestras a los que pertenecía en ese momento. De inmediato sentí un alivio enorme, al igual que mucha más claridad y energía. A pesar de que los grupos de mentes maestras que abandoné pueden haber funcionado para otras personas y sus metas, simplemente no eran para mí y para mi plenitud a largo plazo.

Por cierto, si quieres aprender más sobre el concepto de péndulos, ¡te recomiendo sin duda los libros de Vadim!

Sin embargo, entender solo una pequeña parte nos basta por ahora. Pregúntate:

- ¿Estoy bajo influencias negativas en este momento?
- ¿Puede ser que esté haciendo algo que creo que es positivo, pero en realidad no es adecuado para mí?

(Quién sabe, ¡tal vez hasta decidas que soy un péndulo malvado, elijas cerrar este libro y no hablarme nunca más!).

Dejando las bromas de lado...

Date algo de tiempo y espacio para determinar todas las influencias positivas y negativas en tu vida. ¿Existe una forma de eliminar o reducir lo negativo, o al menos ser inmune a ello por ahora?

¿Existe una manera de aumentar las influencias positivas en tu vida? Lo que sea que te haga sentir bien, que te inspire y te empodere.

¿En qué lugar te ubicas en tu entorno?

¿Puedes usar a conciencia tu nuevo entorno para acelerar la creación de la nueva imagen de ti mismo?

Un ejemplo extremo sería mudarse a otro país y prácticamente forzarte a aprender otro idioma, en vez de motivarte a aprender un par de palabras aquí y allá sin exponerte a la cultura y el idioma que quieres dominar.

Tus hábitos y tu apariencia también juegan un papel fundamental en tu propia imagen.

Por ejemplo, durante años soñaba con ser saludable y estar en forma. Quería estar sana y en forma, pero mi "querer" nunca salía del querer, de necesitar, de leer sobre dietas relámpago y ocasionalmente sentir celos de personas que estaban en forma o tenían un estilo de vida saludable, o hasta juzgarlas. Con el tiempo, me di cuenta de que la antigua imagen de mí misma (alguien que solo quiere y necesita, pero nunca piensa, siente y actúa en línea con sus necesidades y deseos) tenía que irse.

Imaginé y me alineé con la versión saludable de Elena. Me preguntaba si esa persona se sentaría en el sofá, solo querría y leería sobre distintas dietas pensando que lo sabe todo (sin lograr resultados, ¡pero bueno!). De inmediato sentí ganas de ponerme manos a la obra y decidí salir por una caminata rápida, que incluso terminó siendo un trote ¡Me sentí tan inspirada y liberada! Volví a casa, me duché, me hice un batido saludable y nutritivo, y escribí en mi diario: "estoy tan feliz y agradecida porque finalmente soy libre, y en lugar de aprender más sobre cómo perder peso y ser más saludable, simplemente lo hago. ¡Ya estoy sintiendo los primeros resultados!".

Entonces seguí pensando, sintiendo y actuando en línea con mi nueva imagen y empecé a perder kilos sin torturarme con la dieta relámpago de moda. Solo comía comida sana y natural la mayor parte del tiempo.

(Sí, asumí que una Elena saludable podría darse un permitido de vez en cuando sin tener que ser demasiado estricta, pues ella ya habría encontrado un equilibrio).

Ahora, habiendo mencionado la importancia de enfocarte en tu apariencia y asegurarte de que esté en línea con la nueva imagen de ti mismo, siento que tengo que desarrollar el tema un poco más. Puede parecer que estoy contradiciendo el mensaje que compartí en mis libros anteriores: no solo se trata de cómo luces.

Por lo tanto, para aclarar las cosas, me apegaré a mi vieja definición de "apariencia". En primer lugar, no me refiero a intentar verte diferente para complacer o impresionar a los demás con la forma en la que te ves o vistes (a menos que lo disfrutes, que estés en una profesión donde tienes que hacerlo o si simplemente te guste la moda).

Tu apariencia interna y tus sentimientos están primero. En mi caso, antes de perder peso, me veía como una persona saludable y en forma de adentro hacia afuera, así que comencé a actuar de manera adecuada y manifesté mis primeros resultados. Ya no tenía que obligarme a salir a caminar o a correr. Solo tenía ganas de hacerlo. Igual que ahora, no tengo que obligarme a escribir. Simplemente me despierto, tomo mi café y comienzo mi día con la escritura.

Espero este momento con ansias, porque hablar con los lectores siempre es divertido (y al sistematizar mis pensamientos y compartir mis experiencias, yo también aprendo, así que ¡gracias por inspirarme!).

Cuando hablo de "apariencia", me refiero a vivir un estilo de vida saludable y cuidar de tu cuerpo, tu mente y tu alma en general. Como dice Jim Rohn: "*cuida tu cuerpo. Es el único lugar que tienes para vivir*".

También se trata de tu estilo de vida. Si estás leyendo esto, asumo que tienes grandes sueños y ambiciones para tu vida, tu pasión, tu carrera o tu profesión. O quizás quieras manifestar más diversión y libertad o más tiempo en familia. Sean cuales sean tus metas y tus deseos (a nivel personal o profesional), pregúntate si tu estilo de vida actual está en línea con lo que deseas. ¿Ya vives en línea con lo que deseas? ¿Te estás convirtiendo en lo que deseas? Tus acciones y elecciones son tus mejores afirmaciones. Y sí, al principio habrá un poco de resistencia; lo entiendo perfectamente. Sin embargo, ¡dar ese primer paso te hará sentir muchísimo mejor!

Recuerdo que, luego de decidir que quería ser escritora, empecé a juntarme con muchos artistas y creativos. Por error, asumí que esto era lo que tenía que hacer para sentirme inspirada. Sin embargo, pronto me di cuenta de que las elecciones de los demás, como salir todas las noches o quejarse de "los sufrimientos de la vida", no estaban en línea con mi meta de ser una escritora productiva y positiva que escribe de forma constante y crea algo que ayude a los lectores (no estoy segura de que podría ayudarte si escribiera libros sobre lo malo que es el mundo y lo desesperanzados que nos deberíamos sentir, jaja).

En ese entonces, iba a fiestas y salía prácticamente todas las noches, y la mayoría de las personas con quienes me juntaba eran muy talentosas, con un gran potencial y muchos sueños, pero nunca pasaban a la acción. Siempre estaban en las nubes y se quejaban de lo difícil que es ganarse la vida siendo artista o escritor.

Pues bien, no estoy juzgando. Sobre gustos no hay nada escrito. Hay personas que simplemente disfrutan salir y tener una vida social activa, y esto se alinea con sus metas de vida de conocer personas nuevas y desarrollar más confianza social.

Tampoco quiero etiquetar a los demás. Existen diferentes tipos de artistas y creativos, y no a todos ellos les gustan las fiestas. Algunas personas se benefician de la inspiración que obtienen al salir y hablar con otra gente. Sin embargo, la vida nocturna extrema y el estilo de vida alocado no eran para mí y no me acercaban a mis metas.

Yo solo quiero que centres tu atención en la claridad. Me identifico como una artista y una creativa, por lo que automáticamente asumí que tenía que vivir un estilo de vida típicamente asociado con las profesiones creativas.

Muchas personas cometen el mismo error, pero cada una a su manera. Por ejemplo, una amiga mía es una *coach* de negocios, a la cual le está yendo muy bien con su marca. Le va muy bien porque ella simplemente es ella misma y se acepta como es. Al comienzo de su camino, se esforzó demasiado por ser como otros *coaches* de negocios en su entorno. Quería parecer muy profesional y tener el mismo estilo de marca que la mayoría de las personas en su entorno. Aún así, ella nunca pudo atraer el tipo de personas con las que realmente quería trabajar (maestros espirituales y practicantes holísticos). Le eché un vistazo a su contenido y le pregunté: "¿por qué te esfuerzas tanto para ser exactamente igual a todos esos consultores de negocios en el ámbito del B2B (*business to business*), si no está en línea con lo que en verdad quieres y las personas a las que quieres atraer?".

Entonces, renovó la imagen de su negocio basándose en sus verdaderos deseos. Liberó el valor de ser ella misma y comenzó a atraer la base de clientes a los que quería ayudar y con los cuales deseaba trabajar. No quiere decir que lo que hacía antes estaba mal, sino que simplemente no era para ella. Al mismo tiempo, si alguien quiere atraer un tipo de cliente de negocios o cerrar tratos de alto nivel, y es lo que está buscando; consecuentemente la forma en la que construye su marca deberá ser diferente, por supuesto. Todo se trata del alineamiento.

Solemos pensar que solo copiar lo que otras personas hicieron porque tuvieron éxito con ello, resolverá nuestros problemas. Sin embargo, la verdad es que debemos encontrar ese valor en nuestro interior para ahondar más profundo.

En los capítulos siguientes, veremos más técnicas para ayudarte a tener en claro cuál es tu misión y filosofía de vida (aplica a todo tipo de metas, sueños y deseos), así que no te preocupes por ahora. Solo sigue preguntándote: "¿esto es realmente para mí? ¿Esto me servirá a la larga?".

A veces tenemos buenas intenciones y pensamos que vamos por buen camino, pero algo en nuestro interior se siente extraño. Ese sentimiento suele indicar la falta de alineación o una batalla interna. Tu mente lógica asume que eso es lo correcto para ti, pero tu alma y tu corazón se rebelan. Sintonízate y escucha esos sentimientos. Quieren guiarte hacia la nueva imagen de ti mismo: la que te llevará a la libertad, al éxito y a la transformación duradera.

Por ejemplo, mi amiga tenía buenas intenciones. Compró un programa sobre cómo ser una consultora exitosa, el cual fue creado por alguien a quien le fue muy bien, al igual que a muchos de sus estudiantes.

Ella siguió cada lección y estaba feliz por ver que el entrenamiento de negocios también hablaba mucho sobre la mentalidad, la ley de la atracción y la imagen de uno mismo. Sin embargo, en ese entonces, no sabía cómo crear una imagen única de ella misma, por lo que empezó a imitar inconscientemente lo que los otros participantes del programa estaban haciendo. Entonces comenzó a manifestar, pero no se sentía en línea con lo que en verdad quería; así que tuvo que retroceder y hacer algunos ajustes. Mi amiga está muy agradecida por las lecciones que aprendió y ahora lo utiliza como su historia de marca para ayudar a las personas de negocios a ser auténticas.

En mi caso, mi antiguo estilo de vida de "fiesta toda la noche" no me ayudaba a mejorar mi desempeño o mi rutina de escritura.

Cuando estaba en mi "modo de vida nocturna", no era muy productiva durante el día y no tenía ganas de comer comida saludable o de hacer ejercicio. Esa vieja versión de mí misma tenía que irse. Sin embargo, ahora miro hacia atrás y estoy agradecida por haber pasado por ello, porque me hizo ser quien soy en la actualidad. Me di cuenta de lo que valoro en la vida y lo que me hace feliz. Y como ya había experimentado la vida nocturna y de fiesta, sentí que podía cerrar ese capítulo y llevar una vida más organizada.

De nuevo; esto no se trata de cambiar quién eres. Aún sigo siendo esa persona curiosa y creativa, pero con una imagen de mí misma diferente. Todo se trata de ser una versión diferente de ti mismo mientras liberas todo tu potencial. Una versión que se alinee por completo con tu misión. Tu realidad es solo un reflejo tardío de la imagen de ti mismo y de cómo piensas y sientes.

Las personas siempre me preguntan: "¿pero y si no sé lo que quiero? ¿Qué sucede si solo quiero libertad? ¿Qué se supone que tengo que hacer?".

Debes estar bien con la idea de "no saber qué hacer". Deja de buscar desesperadamente una respuesta. Si sabes que la libertad es esencial para ti, concéntrate en explorar lo que en verdad significa para ti y cómo puedes sentirte más libre cada día. Alinea con ella tus pensamientos, sentimientos y acciones. Escribe todas las actividades que te hacen sentir libre y tienes pensado hacer más seguido. Mientras lo haces, agradece y amplifica los sentimientos de libertad. Al comenzar a enfocarte en lo que te hace sentir libre, atraerás más espacio y diferentes ideas para sentirlo. Crea la imagen propia de una persona que vive un estilo de vida libre y mira lo que sucede. No obstante, si te centras demasiado en "no saber" y en "buscar", puede que nunca experimentes lo que es importante para ti: la libertad.

Otra pregunta que me hacen muy a menudo es esta: "¿cómo puedo cambiar mi entorno si no puedo costear mudarme a otra ciudad o apartamento?".

Mi respuesta es que lo más importante siempre es el cambio interno. Por ejemplo, uno de mis lectores compartía su apartamento con otras personas y en ese entonces no podía costearse vivir solo. Pero en vez de enfocarse en el hecho de que sus compañeros de piso no eran precisamente modelos a seguir (por decirlo de manera sutil), decidió enfocarse en lo que sí podía controlar. Comenzó a hacer algunos cambios en su cuarto y lo decoró de la forma que lo hacía sentir bien. Eligió ser agradecido por el hecho de que tenía una cama y un lugar para vivir. En lugar de sentarse en el sofá y quejarse, como lo hacían sus viejos compañeros, eligió ir al gimnasio. Pronto comenzó a atraer nuevas oportunidades, entre ellas un mejor empleo y un nuevo apartamento. Este es el poder de cambiar tu mundo interior y hacer lo mejor que puedes con lo que tienes a mano. Y la buena noticia es que tu mentalidad es relativamente fácil de controlar.

Otro lector me dijo: "el problema de intentar cambiar es que empiezo del modo correcto, con intenciones adecuadas para cambiar, pero después termino sufriendo del síndrome del "objeto brillante". Por ejemplo, sigo queriendo tener un mejor empleo, cambiar de ciudad otra vez, o incluso volver a cambiar la forma en la que me veo. Puede ser muy frustrante".

Este es un patrón que veo muy a menudo; nos obligamos a cambiar todo el tiempo y nos esforzamos mucho por hacerlo. Ya hemos hablado de esto al principio, así que estoy bastante segura de que mi respuesta no será una sorpresa para mis lectores.

"En primer lugar, piensas que tienes un problema (aunque puedes ver tu realidad como si estuvieras probando diferentes opciones en la vida para ver qué es lo que te gusta). Y por eso sigues buscando una solución. Piensas que tienes que cambiar o seguir haciendo más cosas para cambiar más rápido o para cambiar de nuevo.

Mi consejo sería intentar concentrarse en lo positivo tanto como sea posible y dejar ir la necesidad de cambiarte a ti mismo. En lugar de esto, *concéntrate en ser*. La buena noticia es que siempre estamos siendo algo, y todo comienza con la calidad de nuestras acciones, nuestros pensamientos y nuestras emociones.

Acéptate tal y cómo eres y concéntrate en encontrar paz y armonía en tu interior. Luego pregúntate si realmente tienes ganas de buscar otro empleo o de cambiar de casa. Hazlo si sientes que es lo correcto o si sientes curiosidad o emoción. En otras palabras, hazlo si una emoción positiva te motiva a hacerlo. Ahora bien, si sientes que estás atrapado en intentar escapar todo el tiempo, vale la pena descubrir de qué estás huyendo para poder transformarlo en algo positivo. Incluso cambiar tu diálogo interno por algo alentador o empoderante puede ser un gran comienzo para la práctica constante que cambiará tu identidad".

Capítulo 2: Libera tus antiguos programas y deja de luchar contra ti mismo (El arte de manifestar desde la neutralidad)

La concentración crea atracción, y todos manifestamos resultados. La pregunta es esta: ¿por qué solemos enfocarnos en lo negativo en lugar de lo positivo?

Por ejemplo, un autor de *bestsellers* lanza otro libro fantástico, esperado por muchos de sus fanáticos. El libro tiene reseñas de cinco estrellas y, de repente, alguien publica una pésima reseña de una estrella, sin siquiera dar una crítica constructiva; solo lo critica sin piedad. El escritor puede terminar pensando cosas negativas, como por ejemplo: "tal vez este libro en verdad no es tan bueno. Quizás tengo que hacerle algunos cambios".

En realidad solo son personas publicando lo que piensan. Algunas de ellas pueden haber tenido un mal día o simplemente no les gustaba la forma en la que fue escrito el libro. Sobre gustos no hay nada escrito. Aún así, es parte del ser humano seguir enfocándose en lo negativo y recordárnoslo.

Cuando nos enfocamos en lo que no nos sirve, entramos en un estado de trance negativo hipnótico. La buena noticia es que el proceso puede ser revertido y podemos enfocarnos en lo positivo si elegimos hacerlo. Todo se reduce a entender cómo nos reprogramamos a nosotros mismos y usarlo a nuestro favor.

La reprogramación de uno mismo comienza con un simple pensamiento, por ejemplo: "a alguien no le gustó mi libro (o alguna otra cosa)".

Puedes elegir aceptarlo o no. Si no lo aceptas, se convierte en un sencillo "bien, tenemos libertad de expresión, gracias a Dios por ello, y tienen derecho a compartir sus pensamientos, experiencias y opiniones. Además, hasta el mejor de los libros tiene reseñas negativas. Bueno, sigamos". Por supuesto, puedes aceptar, invitar y expandir ese pensamiento. "Ay no. Creo que tienen razón. Tal vez este libro sí apesta, y entonces yo también apesto. Otra vez estoy perdiendo tiempo haciendo algo que no estaba destinado para mí. ¿Por qué no...?" y ¡pum! entramos en un estado de trance hipnótico negativo.

Asociamos un significado y una emoción negativos a nuestros pensamientos. Te empieza a agradar ese pensamiento, lo entretienes y lo aceptas, a pesar de que te hace entrar en un estado de ser negativo y dubitativo. O sabes que no te agrada, comienzas a resistirlo, y lo que resiste persiste. Por lo tanto, el resultado final es siempre el mismo. Terminas pensando que hiciste algo mal, que no mereces tener éxito, o cualquiera sea el recuerdo o experiencia negativa que se desencadena.

Puede parecer inocente en un principio, y en realidad podría ser inofensivo si se lo ataca de raíz (lo cual es posible con una conciencia propia bien desarrollada). Con el tiempo, tu pensamiento predominante, como "no soy lo suficientemente bueno, ellos vienen por mí", se convierte en una creencia. Y después, tu sistema de activación reticular (SAR) se programa para ello y empieza a buscar pruebas (de forma consciente o inconsciente). Tu mente comienza a rechazar cualquier otra cosa y solo se concentra en lo negativo.

Por ejemplo: "Elena apesta. Nunca tendrá éxito como escritora. Ah, y ella apesta en todo lo que hace, así que no importa lo que haga, también será un fracaso, y todos se reirán".

Tan pronto como se convierte en una creencia fuertemente arraigada, el SAR de Elena comienza a buscar pruebas, y ella encontrará más reseñas negativas para confirmarla.

Cuando se trata de buscar la negatividad, tenemos un talento innato para ello, ¡hasta las personas positivas, las del desarrollo personal y la espiritualidad!

Vamos, tiene que haber más reseñas malas. ¡Encuéntralas a todas y siéntete aún peor! Viste, te lo dije: apestas. ¿Quién te crees que eres?

Después, lo que era solo un pensamiento y luego una creencia, se convierte en una firme convicción que puede hasta manifestar negatividad y resistencia en otros proyectos que Elena decida hacer.

Aunque el ejemplo anterior puede parecer algo exagerado, esto es más o menos lo que ocurre en nuestra mente. Estoy segura de que podrás identificarte con ello, sin importar cuáles sean tus metas, el tipo de trabajo que hagas o el *hobby* o la pasión que tengas.

La buena noticia es que podemos cambiar nuestro ciclo de manera consciente con solo entender cómo funciona y hacerle ingeniería inversa de manera positiva, de manera que programe nuestra propia imagen y a nosotros mismos a atraer la positividad a nuestras vidas de manera automática.

De nuevo, echémosle un vistazo a este ciclo:

Pensamiento - Opinión - Creencia - Convicción

(Ten en cuenta que una convicción es una creencia firme que puede llevarte más trabajo interno. Sin embargo, aún hay esperanzas, y muchas personas han logrado liberarse de sus convicciones negativas).

Digamos que quiero programar mi mente con lo siguiente: "Elena es buena escritora y debería seguir escribiendo".

Ahora puedo repetir el ciclo completo de forma positiva y consciente. Comienzo con un pensamiento y le añado pensamientos y emociones positivas. Me visualizo a mí misma escribiendo o hablando con mis lectores y sintiéndome bien sobre lo que hago.

Tengo la intención de trabajar con el ciclo completo, así que mi SAR está naturalmente programado para buscar formas de confirmar que Elena es, de hecho, una escritora muy prolífica. Una de las formas de hacerlo es enfocarme en cosas que quiero ver.

Este es un ciclo de reprogramación personal persuasivo. La nueva imagen de ti mismo tiene que enfocarse (muy cuidadosamente) en lo que decides aceptar en tu realidad. No entras en pánico. No conviertes las opiniones de los demás en convicciones personales.

Saber cómo funciona este ciclo puede ayudarte de manera genuina a concentrarte en lo positivo. Siendo positivo aceptas todo lo positivo con el cuerpo, la mente, el corazón y el alma.

Ahora que sabes cómo funciona este ciclo, te recomiendo ampliamente que comiences a practicarlo tanto como puedas. Siempre digo que nuestros desencadenantes pueden ser nuestra sanación. Así que, cada vez que descubras que algo te molesta (tal vez algo que ocurrió y desencadenó un recuerdo negativo), escríbelo en tu diario. Por supuesto, no tienes que enfocarte en ello o afligirte. Todo lo que hay que hacer es descubrir nuestro ciclo negativo y convertirlo en algo positivo. De nuevo; tenemos un talento innato para programarnos de manera negativa. Simplemente somos buenos en ello y no nos resulta muy difícil tener pensamientos negativos.

Por lo tanto, si recién te inicias en esto, puede que al principio te sientas cansado a nivel emocional, mental y espiritual. Sin embargo, esto es como ejercitar un músculo. Con un poco de práctica y siguiendo la guía de este capítulo, tú también puedes aceptar la imagen positiva de ti mismo. Ahora puedes estar agradecido por las emociones y pensamientos negativos que aparezcan. No porque quieras tener más de ellos, sino porque entiendes el poder de esta frase: *¡nuestros mayores desencadenantes son nuestros sanadores más prominentes!*

Capítulo 3: Cuando la motivación puede volverse en tu contra (Los peligros ocultos del desarrollo personal)

¿Por qué estás en este camino? ¿Por qué lo estás haciendo? ¿Cuáles son tus metas y tus deseos? ¿Por qué y de qué manera surgieron?

¿Estás actuando desde un lugar de escasez, o de intentar demostrarle algo a los demás? ¿Buscas la validación o aprobación externa?

¿O eliges manifestar y actuar desde un lugar de alineación relajada, confianza natural y autenticidad?

En otras palabras, ¿tu intención es pura?

En este capítulo, lograrás un entendimiento más profundo de lo que el actuar desde el miedo produce en ti y por qué la nueva versión de ti mismo debe aprender a dejarlo ir.

La verdad es que la mayoría de las acciones (si no es que todas) que realizamos desde el miedo siempre resultan en más miedo. Me considero afortunada por haber descubierto este concepto en las etapas tempranas de mi proceso de escritura. Verás, me encontré con alguien a quien en verdad admiraba.

A este autor le iba realmente muy bien; había escrito decenas de libros *bestsellers* en el ámbito de la autoayuda, al igual que varias novelas de ficción. Pronto me di cuenta de que era, probablemente, uno de los mejores en su campo; así que comencé a estudiarlo e incluso le pregunté si podía ser mi mentor. Él no me respondió durante varios meses, así que asumí que seguro recibía cientos de *emails* de "aspirantes" como yo en ese entonces, así que seguí con mi vida. A pesar de todo me sentía feliz, porque al menos había intentado contactarlo y buscar que fuera mi mentor. Como dicen, si no preguntas, ¡la respuesta siempre es no!

Entonces, cuando me respondió luego de casi un año, me puse feliz. Me dijo que había pasado por un proceso de sanación y se había tomado un tiempo. También me dijo que no ofrecía ningún tipo de mentoría o consultoría, pero que el único consejo que podía darme (para ser una escritora feliz y prolífica) era el siguiente:

- Nunca actúes desde la escasez, y nunca escribas solo para alardear o para demostrarle algo a los demás. No uses tus libros para buscar fama, aprobación o reconocimiento. Y jamás te obsesiones con reseñas positivas e insignias de *bestseller*. No debes terminar atrapada en una búsqueda infinita.

Luego él procedió a contarme su historia brevemente. A pesar de que sus inseguridades y sus miedos le propiciaron un buen comienzo y buenas bases para su carrera de escritor y su propia editorial, una vez que llegó a la cima aún se sentía vacío. Y por eso decidió tomarse casi un año de descanso y sanar por dentro. También sintió que era lo correcto, sobre todo si quería seguir escribiendo libros relacionados con el desarrollo personal.

En ese entonces seguía siendo una mezcla de aspirante y novata, y lo que este autor me dijo hizo que revisara mis intenciones y lo que me motivaba en ese momento. Como podrás imaginar por mis historias anteriores, tenía diferentes profesiones y pasiones antes de la escritura, y la mayoría (por no decir todas) eran motivadas por mis miedos e inseguridades. Por poco llevé mis emociones negativas a mi nueva salida creativa: la escritura.

Hasta el día de hoy, estoy eternamente agradecida por el consejo que recibí de ese autor. Sin dudas lo considero mi mentor. Solo por esa breve respuesta por correo que decidió enviarme.

¿Y cómo se traduce todo esto a alinear la imagen de ti mismo con lo que deseas atraer a tu vida? Es sencillo.

Algunas personas piensan que no existe una diferencia significativa entre la acción y la intención. Sin embargo, la intención está primero. Tus acciones (las intenciones que se manifiestan o las intenciones que pueden verse por lo que decides hacer) provienen de las intenciones (la fuente de tus acciones).

Por ejemplo, una persona puede tener la siguiente creencia negativa que motiva su intención: "no tengo clientes, ni dinero, ni fama, ni reconocimiento".

Por lo tanto, actúan masivamente desde un lugar de "tengo que tener éxito, no importa cómo. Les demostraré lo que valgo. Tendré éxito y ellos vendrán a mí. Me verán y me darán las felicitaciones que me merezco".

He visto este patrón una y otra vez. Y lo digo desde el amor, porque sé lo que se siente, y ya sabes que he pasado por esto muchas veces antes de aprender finalmente la lección. Por ejemplo, en mi viejo negocio, quería ganar dinero para que quienes no creían en mí (como mis viejos amigos e incluso algunos de mis familiares) por fin me aprobaran y me felicitaran.

"¡Mírenme, mírenme! Miren, miren. ¿Lo ven, lo ven? ¡Se los dije! Ustedes no creían en mí y ahora... ¡Mírenme! Soy alguien. Tengo mucho éxito, ¿y ustedes? ¿Qué han hecho con su vida?".

Y aunque esta motivación basada en el miedo y las inseguridades me dio éxito financiero en ese entonces, no duró demasiado. Y también resultó en un profundo agotamiento.

Incluso usaba este patrón de forma inconsciente al principio de mi recorrido en internet. Sentía necesidad e inseguridad, y los lectores podían sentirlo. Recuerdo que cuando creé mi sitio web compartí una historia de cómo una maestra de escuela se rió de mí y de qué forma lo uso como motivación para tener éxito, para *demostrarles* de lo que realmente soy capaz.

Por suerte, el Universo me guió y me envió el mentor que me ayudó a entender la forma más alineada de enfocarme en mi escritura.

Sin embargo, también noté que, cada vez que actuaba desde un lugar de abundancia y relajación (con intenciones basadas en el amor), de hecho actuaba y terminaba teniendo éxito (y plenitud). A menudo tenía que trabajar menos, o de algún modo me encontraba siendo más productiva, incluso sin tener que intentar hacer más cosas.

Todo se resume en lo que mencioné en la introducción. Ya eres lo suficientemente bueno, y no hay necesidad de cambiar o mejorar. Sin embargo, puedes elegir ser y transformar y enfocarte en ello, lo cual representa un proceso en sí mismo. Uno que no se puede juzgar con una mente lógica y muy a menudo basada en el miedo.

La mayoría de las personas se enfocan en las acciones, no en las intenciones. O actúan sin entender sus intenciones. Por ejemplo, en ventas, algunas personas quieren dominar la técnica de persuasión más reciente para lograr ventas rápidas.

(Recuerdo trabajar en ventas e intentar desesperadamente saber el más reciente "truco" y cosas por el estilo, o hacer un seguimiento de los clientes potenciales demasiado rápido y, por lo tanto, parecer demasiado desesperada).

Obviamente, no descarto el deseo de aprender cosas nuevas, sobre todo si se lo requiere en el trabajo que haces. De todos modos, sea lo que sea que hagas, ¿cuál es tu intención detrás de ello?

Por ejemplo, alguien que quiere manifestar más ventas puede partir desde una intención basada en el amor, para ayudar a más personas con los productos o servicios específicos que vende. Al alinearse, puede pasar más tiempo intentando entender a las personas a las que les vende, lo que *ellas* realmente quieren y lo que las motiva. Mientras habla con sus potenciales clientes, un vendedor puede determinar si es posible ayudarlos y de qué manera, para luego elegir productos y servicios que estén en línea con ello. Las intenciones basadas en el miedo a menudo se alinean con: *¿qué puedo obtener?*, mientras que las intenciones basadas en el amor se alinean con: *¿qué puedo dar?*

¡Por desgracia, las intenciones basadas en el miedo nos motivan a muchos de nosotros en tantos ámbitos diferentes de nuestras vidas!

¿Qué hay de la salud y el ejercicio? Tantas personas actúan desde un lugar de miedo: "¿qué pasaría si subo de peso o pierdo musculatura?". Este es el motivo por el cual muchas personas buscan dietas rápidas y la explicación de que las píldoras mágicas para perder peso y las soluciones basadas en el miedo siempre sean tan tentadoras.

En el ámbito de la ley de la atracción, las personas suelen meterse en técnicas nuevas porque están motivadas por el miedo de manifestar lo negativo, o por no manifestar lo suficiente o compararse con otros manifestantes.

En el ámbito del desarrollo personal, las personas intentan de manera desesperada ser mejores. Sin embargo, las acciones que siguen a menudo surgen de un lugar de miedo, de no ser "lo suficientemente bueno". A estas alturas, estoy segura de que entiendes el patrón.

Esta es una estrategia a corto plazo. Cada vez que sientes miedo y ese miedo te motiva a actuar, en realidad este reprograma a tu cerebro para sentir más miedo.

Actuamos para intentar suplementar algún tipo de escasez. Al mismo tiempo, actuar de inmediato en un estado de miedo significa que estás huyendo de ese miedo (y la acción también puede ser una distracción).

Por ejemplo, fumar un cigarrillo, comer comida chatarra o beber alcohol son formas de huir del miedo o la ansiedad.

El mecanismo es el mismo que, por ejemplo, tiene el dueño de un negocio que pone anuncios en línea con desesperación, directamente desde un lugar de miedo, para intentar ganar más dinero en su negocio. Y, muy a menudo, todo lo que ocurre es que su gasto en publicidad aumenta. Aún así, no puede generar más ganancias, a menos que de alguna manera se le aparezca algún mago del marketing o una estrategia súper original. Incluso con estos elementos, las acciones basadas en el miedo nunca conducirán a un éxito a largo plazo.

Lo que ocurre cuando reprimes el problema más significativo (miedo y escasez) es que, tarde o temprano, regresará con otro disfraz. Actuar desde un lugar de escasez, cuando la intención primaria es el miedo, siempre desalienta a los demás. Ya sea hablar con un potencial cliente por teléfono, enviar un correo electrónico, crear un anuncio para atraer más ventas o tener una entrevista de trabajo.

Tu realidad sabe lo que está dentro de ti, y la energía nunca miente. El secreto está en un análisis consciente de lo que ocurre dentro de ti. Cada vez que sientas miedo o ansiedad, siéntelo y acéptalo, pero no actúes de inmediato desde esa energía.

Lo primero que tienes que hacer es rendirte ante ello, para que puedas disipar lo que ya no te sirve. Puedes expresar de manera consciente cómo te sientes para no reprimirlo.

Suprimir todo el tiempo no resuelve nada. Solo lo multiplica y hace que regrese en otro momento, por lo que, con el tiempo, se convierte en un patrón subconsciente negativo.

Cuestiona tus sentimientos negativos, tu miedo y tu dolor, para que puedas separarte de manera consciente de ellos y te des cuenta de que *tú no eres tus miedos.*

Las siguientes preguntas pueden ser de ayuda:

- ¿Puedo dejarlo ser? (Ahora lo sentirás más, para que puedas sentirlo plenamente por última vez y soltarlo).

- ¿Puedo soltarlo? ¿Puedo soltarlo de una vez por todas? ¿Cuándo puedo soltarlo? ¿Ya? ¿En cinco minutos, cinco semanas, cinco años?

Tal vez no te sientas tan bien la primera vez que lo hagas y, lo sé; muchas personas en la ley de la atracción, como tú y yo, pueden sentir resistencia. ¿No se supone que debemos hacer cosas que nos hacen sentir bien?

La respuesta es sí. Aun así, entender nuestros miedos e intenciones negativas nos ayudará a aceptar la imagen positiva de nosotros mismos de una manera prácticamente automática. En otras palabras, debemos eliminar los orígenes negativos de nuestros problemas que nos hacen manifestar lo que no queremos.

Reaccionar ante nuestros miedos nunca nos ayudará a largo plazo, porque nos programa para actuar cuando hay miedo y, debido a esto, nos cuesta estar motivados para actuar cuando las cosas marchan bien.

Ahora, la antigua Elena que solo quería lograr, lograr y lograr cosas (para demostrarle a los demás de lo que era capaz) se burlaría de lo que acabo de decir. Diría algo como "pero tanta gente exitosa dice que el miedo las motivaba, ¡y mira todo lo que han logrado!".

Sí, es cierto; el miedo puede motivarnos al comienzo de nuestro recorrido y convertirnos en personas muy exitosas a los ojos de la sociedad. La verdadera pregunta es esta: ¿cuál será el precio del éxito? ¿La felicidad?, ¿la salud?, ¿la paz mental?

No sé en tu caso, pero mi intención es seguir cumpliendo tranquilamente con mi misión, mientras genero abundancia y equilibrio en todos los ámbitos de mi vida.

La antigua imagen de mí misma siempre tenía intenciones basadas en el miedo que conducían a acciones basadas en el miedo. Así es como aprendí la lección, y es por eso que estoy escribiendo este libro. Sé que, con el tiempo, actuar desde un lugar de miedo y escasez siempre conduce a más dolor y ansiedad. Incluso si manifiestas lo que querías. Por ejemplo, si tienes una casa nueva, un auto nuevo o un empleo nuevo, puede que aún sientas que no eres lo suficientemente bueno, así que quedas estancado en esta energía. Tus antiguos miedos pueden desaparecer por un tiempo, solo para regresar más adelante en otra situación que te provoca.

Obviamente, como dije en la introducción, no quiero adoctrinar a mis lectores para que piensen de cierta manera si no es lo adecuado para ellos, así que toma lo que te gusta y descarta el resto.

Si sientes que son demasiadas cosas para asimilar por ahora, solo establece la intención de ser más consciente y sigue preguntándote: ¿qué te motiva? ¿El amor o el miedo? ¿Es tu intención de seguir recibiendo, o de seguir dando mientras creas más energía positiva a tu alrededor?

Escribo para diferentes tipos de lectores. Algunos de ellos vienen de la espiritualidad y, por lo tanto, resuenan con conceptos basados en el amor y el miedo. Otros vienen del desarrollo personal, del éxito o los negocios, y las ideas de la imagen propia que les han enseñado puede ser algo diferente de los conceptos descritos en este capítulo. Muchos exitosos empresarios, escritores, profesionales y personas de alto nivel comenzaron su camino al éxito por el miedo (o por estar cansados y hartos de estar cansados y hartos). Y eso fue lo que los llevó a una etapa particular de éxito. En este caso, el miedo puede ser algo bueno, pero solo al principio.

Sin embargo, el éxito duradero y amplificado por la felicidad y la plenitud, llega cuando una persona reemplaza las intenciones basadas en el miedo con intenciones basadas en el amor; las cuales llevan a acciones basadas en el amor. Por eso, crea la nueva imagen de ti mismo desde el amor (puedes agradecérmelo más adelante).

Sin dudas te recomiendo que protejas tu mente y tu energía de las influencias negativas.

Pregúntate: ¿cuánto tiempo pasas en las redes sociales (o frente al televisor) sin pensar, dejándote influenciar fácilmente por la negatividad?

Me da vergüenza admitir todos los productos que compré por miedo, por haber visto un comercial basado en el miedo en internet o en la televisión (¡por alguna razón, esos infomerciales de la madrugada siempre me atrapaban!). Muchos vendedores detrás de esos anuncios y productos entienden el poder del miedo, y el marketing basado en el miedo hace que la gente compre más y más rápido. No todo el marketing es terrible; muchos vendedores basados en el amor crean otro tipo de anuncios; otra vez, todo se reduce al poder de la intención.

Pero ahora, cuando pienso en todas las compras que realicé, las mejores inversiones que hice en mí misma fueron las hechas desde el amor, sintiendo curiosidad y emoción por lo que estaba por descubrir.

En contraposición con comprar sin razonar, haciéndolo por miedo y pensando: "quizás un día le daré un uso a este producto" o "no soy lo suficientemente buena, a menos que tenga esto".

Para descubrir tu intención, pregúntate: ¿desde qué lugar invierto mi tiempo y dinero? ¿Desde el amor o desde el miedo? Diseña la nueva imagen de ti mismo en línea con intenciones positivas, poderosas y basadas en el amor, y mira cómo tu realidad refleja tu transformación interna, enviándote personas, situaciones y circunstancias maravillosas.

Capítulo 4: Crea nuevos hábitos agradables y una disciplina alineada (y algo crucial que la mayoría no percibe)

Solía estar en contra de los hábitos porque pensaba que se trataban de actos inconscientes o automáticos; solo hacer las mismas cosas una y otra vez. Soy una persona creativa y espiritual que en verdad valora la libertad y la expresión, y solía costarme mucho seguir un horario.

Y, como tal, realmente me resistía a todo tipo de hábitos. Sí, lamentaba hablar de personas que tomaban duchas heladas a las cinco de la mañana cada mañana, y de personas que corrían todos los días sin excepción, llueva o truene. Y lamentaba hablar de personas que se despertaban y bebían un batido verde o hacían yoga. A pesar de que admiraba todas estas historias y me parecían verdaderamente inspiradoras, siempre pensaba: "sí, ellas pueden hacerlo porque son disciplinadas y organizadas. Yo soy más de las personas que aman la libertad, así que los hábitos no son para mí".

No me daba cuenta de que:

- Mi propia resistencia al cambio estaba bloqueando la nueva imagen de mí misma (después de todo,

deseaba ser una escritora productiva, ambiciosa y prolífica que escribe todos los días).
- Pensaba en los hábitos en términos de blanco o negro. Por ejemplo, me levantaba a las cuatro de la mañana y salía a correr, bebía un batido verde y me daba una ducha helada, o dormía hasta el mediodía y no hacía nada.
- Estaba demasiado enfocada en el qué, en lugar del cómo.

Por ejemplo, lo que otras personas elegían como hábito y funcionaba para ellas, no necesariamente funcionaría para mí. Así que seguía preguntándome:

- ¿En quién me tengo que convertir?
- ¿Cómo reaccionaría la nueva versión de mí misma a la palabra "hábito"?
- ¿Todo tiene que ser blanco o negro? ¿No puedo encontrar algo que pueda alinear con mi estilo de vida y mis valores (libertad, flexibilidad y creatividad)?

Sí, ver a otras personas cumplir con sus hábitos y desafíos y tener éxito con sus agendas puede ser muy inspirador, pero también puede hacer que pospongamos la creación de nuestros hábitos conscientes, la cual nos alineará con la persona en la que nos tenemos que convertir.

Una vez más, tuve que recordarme a mí misma lo básico:

- Se trata de ser la mejor versión de ti mismo (¡mientras sigues sintiéndote bien!) y experimentar con ello.

- No se trata de la acción, sino de la energía que tienes. Lo importante siempre es la intención detrás de la acción.

Me dije a mí misma: "bien, Elena. Tienes ciertas creencias sobre lo que tienes que hacer para ser exitosa o manifestar tus deseos. Has creado algunas condiciones para ti misma. Ahora comes más sano y no sales de fiesta. Aún así, no te das el permiso de solo ser y de experimentar tu nueva yo por completo. Algo te bloquea. ¿Qué puedes hacer para crear hábitos simples que te permitan:

- ...mejorar tu energía en todos los niveles?
- ...obtener más enfoque y claridad?
- ...despertarte emocionada?
- ...sentirte como una ganadora después de lograrlo?

Ahora, seré la primera en admitir que no me gustan las duchas heladas (a pesar de que sé que traen beneficios para la salud y se alinean con las metas de muchas personas) ni los clubes de las personas matutinas.

Por lo tanto decidí enfocarme en simples hábitos cotidianos que disfruto llevar a cabo, entre los que se incluyen:

1. Realizar la técnica de liberación emocional (TLE) a diario. Cada noche la espero con ansias y me ayuda a relajarme y dormir mejor. Al mismo tiempo, la uso para liberar la energía estancada y las emociones que me impiden alcanzar el siguiente nivel en mi recorrido. ¡Siempre termino recomendando la TLE a mis lectores! Un gran libro que puede ayudarte a comenzar es *The Tapping*

Solution [La solución tapping] de Nick Ortner, o puedes buscar videos en YouTube para aprender lo básico. Aprender la TLE para aplicarla en ti mismo no lleva mucho tiempo para dominarla.

No necesito obligarme a mí misma a hacerlo, sino que espero ese momento con ansias. Después de terminar de soltar lo que ya no necesito, me siento mucho mejor (a nivel físico, emocional, espiritual y mental). La TLE siempre me ayuda a llegar al siguiente nivel de mi proceso.

2. Despertarme temprano los días de la semana. Como ya sabes por mis historias anteriores, decidí dejar de ir a fiestas y llevar una excesiva vida social; de todas maneras no era mi destino (en realidad, soy bastante introvertida, así que no fue tan difícil). Pero aún tenía el viejo hábito desalineado de despertarme demasiado tarde. Sabía que tenía que cambiarlo. Por lo tanto, establecí una nueva hora para despertarme: cerca de las siete de la mañana. Ni muy temprano, ni muy tarde. Simplemente perfecto para mi proceso y mis metas. Por fin podía dejar listo lo más importante de la escritura antes del mediodía y luego ir a caminar, almorzar y tener la tarde libre para enfocarme en otros proyectos.

3. Caminatas diarias en la naturaleza (incluso correr y, sin obligarme a hacerlo, ¡más bien eran un extra!).

Gracias a incorporar este pequeño hábito (y combinarlo con la TLE en las noches), por fin pude sanar mi problema de insomnio. Podía simplemente irme a la cama, quedarme dormida y despertarme sintiéndome renovada al día siguiente.

Los pequeños hábitos siempre conducen a transformaciones significativas, y no se trata de seguir a ciegas las prácticas que otras personas aplican en sus vidas.

Además, la verdadera libertad se crea sobre la disciplina consciente. Hasta las personas creativas como yo, pueden encontrar un equilibrio entre la libertad y la disciplina. De hecho, ya ni se siente como "tener que ser más disciplinada". Los tres hábitos que creé para mí misma (TLE, levantarme temprano para escribir, caminatas y ejercicio a diario) se alinean entre sí y me ayudan a estar en paz y alineada, para seguir enfocada en mis nuevos emprendimientos y disfrutar cada paso del camino.

Tus hábitos también determinan tu imagen. Pregúntate: ¿te tratas de la forma en que te lo mereces? Sí, los hábitos y la disciplina consciente son una forma de cuidado personal. No tiene que significar una tortura ni tienes que obligarte a hacer algo solo porque es la moda en las redes o porque todo el mundo en la comunidad del desarrollo personal lo hace.

Tus creencias determinan tus hábitos y cómo decides tratarte a ti mismo. Asimismo, tus pensamientos crean resistencia y te dan excusas posibles sobre por qué no puedes crear nuevos hábitos empoderantes. Espero de todo corazón que mi historia te inspire a crear tus propios hábitos diarios, los cuales estarán en línea con lo que deseas atraer y cómo deseas sentirte.

Puedes elegir estar alineado con tus creencias al crear hábitos empoderantes alrededor de ellas. Date algo de tiempo para jugar y experimentar. Puedes encontrar inspiración en algunos de mis patrones (sí, soy una gran fanática de la TLE y, en mi experiencia, te digo que es una de las prácticas más efectivas en materia de tiempo que puedes integrar a tu vida cotidiana) o elegir uno propio. No obstante, el alineamiento verdadero aparece cuando usas tus acciones para afirmar lo que deseas. Esto da lugar a que manifiestes resultados y transformaciones excelentes.

Y si aún sientes resistencia, recuerda lo siguiente: el comienzo puede ser un poco difícil, pero puedes decidir hacer algo que te haga sentir un ganador después de haberlo hecho. ¡Está bien abrir tu zona de confort y ampliar tu mentalidad un poco!

Los pequeños hábitos de cuidado personal, de nuevas habilidades o los vinculados a tus pasiones son fáciles de implementar y pueden hacerte sentir como un ganador si están en línea con tu visión y tus metas. El cuidado personal habla de que eres importante para ti mismo y que te estás convirtiendo en una mejor versión de ti mismo todo el tiempo.

Un par de hábitos simples a diario me ayudaron a eliminar el insomnio y la ansiedad y, al mismo tiempo, me hacían sentir bien. Las emociones positivas son indispensables para manifestar nuestros deseos.

En comparación, antes de crear mis nuevos hábitos empoderantes, era una persona que:

- Pensaba demasiado todo ("¿qué sentido tiene tener este hábito y desperdiciar la energía que podría estar usando para escribir?". Pero al final nunca lograba hacer nada, ¡pues mi mente híper pensativa agotaba mi energía!).

- Sufría de insomnio ("Dios mío, seguro es el karma de vidas pasadas que vuelve a mí, o quizá alguien me está enviando energía negativa; ¡están viniendo por mí!").

- Dormía de más (pues sufría de ansiedad o tenía sueño, y nunca me dormía antes de las tres o cuatro de la mañana).

Pero ahora, gracias a mis nuevos hábitos diarios, me siento mejor conmigo misma y con todo lo que me rodea. Soy más productiva (sin obligarme a intentar hacer más cosas) y tengo más libertad (uno de los valores más importantes en mi vida).

Ahora tengo más tiempo para seguir aprendiendo más sobre mi nueva pasión, la TLE. Incluso estoy considerando hacer un curso con certificado, porque debido a mis nuevos hábitos y mis horarios, encontrar el tiempo y ahorrar dinero para hacerlo no aparece como una meta muy lejana, como sí hacía hace un par de años.

Del mismo modo, debes crear hábitos poderosos para la mente. Cada vez que algún pensamiento negativo aparezca (o cualquier pensamiento que sientas que proviene de tu antiguo yo), dale las gracias por intentar protegerte y establece la intención de soltarlo. Este enfoque hará que desaparezca con el tiempo. Pregúntate: ¿tu nuevo yo quiere seguir sufriendo? ¿No es mejor hacer algo para liberar tu mente de lo negativo y alinearla con lo positivo?

Además, ¿tus viejos apegos y expectativas te hacen sufrir? Lo que sea que estés sintiendo en tu interior, tu realidad externa (tarde o temprano) lo reflejará. Sufrimos porque nos identificamos con algo que cambia todo el tiempo, como la fama, el éxito, las ganancias en los negocios, las felicitaciones de tu jefe.

El dolor se siente en tu cuerpo, pero el sufrimiento es un dolor permanente en tu mente. Comienzas a identificarte con lo que sea que te ocurre, y toda tu consciencia queda atada a tus pensamientos.

Por ejemplo, alguien puede identificarse con lo siguiente: "este es mi empleo, este es mi negocio, este es mi éxito, esto es lo que gano. Cuando no lo tengo o tengo menos de ello, sufro; ¡es como si me arrancaran una parte de mí! ¡Trabajé tan duro para conseguirlo!".

Por fortuna, cuando comienzas a observar algo, ya no te identificas con ello. En lugar de vivirlo y experimentarlo, eres parte del público; lo observas (y observas a la persona que lo piensa). Ve más allá. Por ejemplo, ahora mismo me descubrí teniendo "pensamientos viejos" tales como: "creo que lo estoy haciendo muy complicado, ¿y si mis lectores no me entienden?" y "¿y si piensan que es demasiado simple y dicen que ya lo han oído antes?".

Pero ahora estos pensamientos ya no me sacan de mi camino. Aún sigo escribiendo. Me digo a mí misma: "bueno, ¡gracias vieja Elena por intentar protegerme, pero ahora soy una persona nueva. Ey, es solo un viejo pensamiento. De hecho, es bastante gracioso, porque si elijo entretenerlo, ¡más bien le cuento un chiste!".

A veces uso mi imaginación para convertir un pensamiento así en algo divertido. Pongo una voz seria y me digo a mí misma: "Dios mío, Elena, ¿qué has hecho? Están viniendo, están viniendo, te encontrarán. Irán hasta tu casa y te dirán que apestas. ¡Más vale que te escondas debajo de la cama ahora mismo!".

Reírse de ello y transformar los pensamientos negativos en bromas (si lo encuentras apropiado, por supuesto) puede funcionar. Siempre me funciona y me ayuda a liberar la carga emocional de muchos de mis viejos pensamientos para no tener que identificarme más con ellos.

Haz un inventario de tus pensamientos, analízalos y obsérvalos. ¿Quién está pensando esos pensamientos? ¿Tu nuevo yo o tu antiguo yo? Dale las gracias a tu antiguo yo por intentar protegerte y dale el retiro en la playa que tanto se merece. Ya ha trabajado lo suficientemente duro para ti en un cierto punto. ¡Ahora eliges pensar, sentir y actuar en línea con tu nueva realidad!

Capítulo 5: Por qué la nueva imagen de ti mismo quiere ponerte a prueba (Cuando los resultados negativos no son tan negativos)

¿Alguna vez has encontrado obstáculos en tu camino? Comienzas con toda la emoción, tienes buenas intenciones y visualizas lo positivo; aún así, los obstáculos aparecieron. Sientes que todo está en tu contra. O que quizás hiciste algo malo, o sientes que algo está mal contigo, con tu karma o con tu energía.

Primero lo primero: no creo que haya nada de malo contigo.

Ah, y trabajar con energías un poco, siempre es buena idea si conoces un buen sanador (pero este no es el punto de este capítulo).

Este es mi punto: culparte a ti mismo y a tu energía por cada obstáculo, también es una especie de patrón negativo, y déjame decirte lo siguiente: tú no hiciste nada malo. Solo tienes que entender los patrones del Universo y por qué y de qué manera pueden ponerte a prueba. ¡Deja de subirte al tren de la culpa y el remordimiento aquí y ahora mismo! (A menos que, por alguna razón, sentir culpa se alinee con la nueva imagen de ti mismo y con los resultados deseados de tus futuras manifestaciones).

Cada vez que tienes una intención de manifestar algo, el Universo, la vida y tu nuevo yo quieren ponerte a prueba. Concéntrate en lo que puedes controlar: ¡tu actitud! Sí, lo sé; es difícil ser agradecido cuando las cosas no salen de la manera que quieres.

Pero... ¿cómo puedes saber cuál es la manera correcta?

La manera es simplemente una manera. Asegúrate de mantenerte enfocado y optimista con respecto a tu destino.

La vida acomodará todo y tomará el camino de menor resistencia. Si te pone a prueba, es porque quiere comprobar tu actitud y tu reacción. Quiere confirmar tus metas y tus deseos. Quiere saber si estás comprometido con seguir adelante, a pesar de los obstáculos. La vida no quiere que te des por vencido, pero tal vez quiera que desistas, te conformes y aceptes que las cosas no siempre tienen que salir de la manera que quieres para llegar a donde deseas estar. Además, los desafíos y los obstáculos fortalecerán la nueva imagen de ti mismo, para que estés totalmente preparado para manejar tu nueva realidad tan pronto como se manifieste.

El Universo es una inteligencia amable y amplia que tiene sus propios métodos únicos, y nuestras mentes son pequeñas y lógicas. El Universo siempre sabe cuál es la mejor manera, y muchas veces nuestras pequeñas mentes no entienden lo que sucede. Lo más importante es confiar en el proceso.

Primero debes crear una intención. Por ejemplo, quieres duplicar tus ingresos.

El llamado "periodo de coordinación o de prueba" aparece porque el Universo quiere ponerte a prueba y ver si tu mundo interno está realmente en armonía con la intención que has declarado. Solo después de este viene la etapa de realización, en la que puedes disfrutar tu nueva realidad. El problema es que nuestras mentes limitadas y lógicas quieren saltarse el periodo de prueba. Establecemos intenciones y nos esforzamos por pensar en la mejor forma de lograrlo o en la próxima etapa de nuestro camino y, cuando las cosas no salen como queremos, ¡nos desanimamos!

Entonces, recuerda la fórmula:

Intención - Prueba - Realización

Para acelerar el proceso de manifestación, puedes acelerar la creación de la nueva y auténtica imagen de ti mismo, si te adueñas de tu percepción.

Tu actitud y el significado que le das a las cosas que suceden después de establecer tu intención, determinarán de qué manera se desarrollará tu proceso.

Por ejemplo, un *coach* independiente típicamente atrae cinco clientes nuevos por mes. Su nueva meta es atraer diez clientes nuevos por mes. Entonces, establece la intención. De repente, luego de hacerlo, parece que a su negocio le va mal y solo tiene un cliente este mes. De inmediato, comienza a pensar: "¡Dios mío, algo debe estar mal conmigo; no está funcionando para mí! ¿Por qué siempre funciona para los demás pero no para mí?".

Él decide aceptar la situación, pero usa toda su energía creativa para enfocarse en lo que desea. No se resiste a lo que está sucediendo, simplemente lo toma como una prueba que debe superar en su camino. El Universo sabe qué tipo de circunstancias tienes que atravesar para convertirte en la versión más fuerte de ti mismo, la que se alinea por completo con tus deseos.

Entonces, en lugar de entrar en pánico porque a su negocio le va mal, cuando se suponía que debía mejorar, él elige pensar:

- Ah, bueno, tiene sentido. ¡Este mes tendré menos trabajo, por lo que me prepararé por completo para poder trabajar con más clientes pronto!

- Ahora tendré más tiempo para terminar ese curso que quería hacer, porque sé que tendré más herramientas y técnicas increíbles para ayudar a mis nuevos clientes.

- Ah, y cuando llegue el momento de tener más clientes por mes, voy a necesitar un asistente. Ahora, este mes, tendré menos trabajo de coaching por hacer, por lo que por fin podré contratar y entrenar a alguien. Sí, quizás tenga que disminuir los gastos del mes, pero sé que a la larga valdrá la pena. Gracias, Universo, por esta prueba. Si dices que necesito tomarme un descanso del trabajo de coaching este mes para enfocarme en algo más grande, hagámoslo.

Pasaron tres meses, y este coach atrae entre 15 y 20 nuevos clientes por mes, ¡los cuales están listos para inscribirse en sus programas más costosos!

Por cierto, ¡esta es una historia real!

La nueva energía y la aceptación detrás de lo que puede parecer un obstáculo pueden crear oportunidades que estén alineadas con nuestras intenciones originales.

Sé consciente de tus propias quejas. Tómate por sorpresa cuando lo hagas y no juzgues. Solo pregúntate: ¿realmente vale la pena quejarse? ¿O puedo usar mi energía interna de manera más productiva? ¿Acaso quejarme cambiará algo? ¿Mi nuevo yo se quejará? Confía en el Universo. Confía en tu yo auténtico y confía en el nuevo proceso.

Capítulo 6: Cuando la abundancia no sigue a la confianza

La abundancia verdadera y auténtica sigue a la confianza verdadera. Aquí, la palabra clave es "auténtico". Al mismo tiempo, la abundancia verdadera y duradera no sigue a la confianza falsa y superficial.

Verás, en el pasado, pensaba que tenía que tener un número enorme de seguidores en Instagram o en otras plataformas, de otra manera nadie compraría mis libros ni prestaría atención a lo que hago. Durante mucho tiempo, pensaba que era invisible. Una persona que no se merecía ninguna interacción significativa. Esa historia limitante se volvió mi creencia limitante, y después se convirtió en la convicción limitante que, con el tiempo, impulsó todas mis motivaciones. Quería "cambiarme" y ser alguien que no era. Solo quería que me escucharan.

En ese entonces solía comprar cursos de diferentes gurús en línea, ya que de algún modo estaba desesperada por descubrir cómo convertirme yo misma en gurú. Jamás funcionaba. Incluso intenté lanzar distintos productos (invertí mucho dinero, tiempo y esfuerzo en esto) y no obtuve resultados. Algo se sentía mal todo el tiempo.

En aquel momento intentaba ser persuasiva y fingía todo el tiempo. Intentaba ser alguien que no era.

Quería ser "cool" porque alguien me había dicho que eso era lo que había que hacer.

Como resultado, terminé agotada mentalmente y comencé un proceso para descubrir lo que realmente estaba ocurriendo. Por último, encontré varios expertos que parecían ser muy auténticos y cuya energía resonaba muy bien conmigo. Pronto me di cuenta de que su confianza era auténtica. No tenían páginas web ni marcas elegantes. Solo eran ellos mismos y hacían lo mejor que podían con lo que tenían. Esas personas en verdad me inspiraron a ser yo misma y a hacer cosas que se sentían auténticas, mientras atraía a personas con energía similar.

Debido a ello, ya no tenía que usar toda mi energía creativa para fingir ser alguien que no era o fingir ser alguien más en internet. Me dio mucha libertad interna, y también me dio las herramientas para relajarme, dejar de intentar ser perfecta y dejar de subirme al tren de la culpa de lo que sentí que debería estar haciendo porque todos a mi alrededor lo hacían.

Por supuesto, si te sientes realmente inspirado por alguien y se siente auténtico para ti, ¡ve a por ello!

Cuando eres tú mismo y actúas desde una energía auténtica y segura, ello automáticamente te ayuda a dejar de sentir culpa y a intentar manifestar más rápido. Solo haz lo mejor que puedas ahora mismo con las herramientas que tienes a mano.

Sentir culpa no te ayuda y no es espiritual. El Universo, Dios o la fuente que sea quiere que uses tus errores como aprendizajes. Recuerdo estar tan enojada conmigo misma (me culpaba y sentía culpa) porque "desperdiciaba" tiempo y energía en proyectos que no funcionaban y que para empezar ni siquiera eran para mí.

Pensaba cosas como: "debería haberme enfocado solo en escribir". Después me sentía culpable por sentirme culpable. Por último, tenía que aprender a amar a mi antigua yo porque ella me había hecho llegar hasta donde estaba. Hasta donde estoy hoy, ¡mi nueva yo!

Podemos rebelarnos contra la culpa que sentimos, o decir con calma: "bueno, ¿cuál es la lección que hay que aprender aquí?".

No hay prisa. Cada día es una nueva oportunidad que tienes para practicar tu confianza auténtica. A continuación, también puedes usar la meditación.

Cómo conectar con tu confianza auténtica y la nueva imagen empoderada de ti mismo

Esta meditación te ayudará a conectar tu corazón y tu mente.

Usamos nuestras mentes mucho más que nuestros corazones. Incluso cuando se trata de crear la imagen de nosotros mismos, solemos pensar demasiado en el próximo nivel y en cómo debería verse desde el exterior, pero subestimamos a nuestros corazones.

El corazón puede conectarse al campo cuántico y puede ayudarte a encontrar respuestas a las que tu mente lógica no podría acceder. En ocasiones, la lógica no tiene sentido para nuestro bienestar a largo plazo, porque tomamos decisiones desde un lugar mínimo de conciencia limitada.

Esta meditación se vuelve más potente si la practicas durante treinta días seguidos (las mañanas y las noches son los mejores momentos). ¡Hagámoslo!

- Primero que nada, tienes que relajarte y sentir una sensación de calidez y hormigueo muy agradable en tu corazón. Piensa en algo o en alguien que te haga sentir bien.

- Mírate y siéntete feliz, abundante y gozoso mientras la luz se expande desde tu corazón hasta todas las partes de tu cuerpo. Siente esa calidez. Tu corazón ya te está enviando señales e información que tu cuerpo y tu mente procesarán y te revelarán cuando sea el momento indicado.

- Siéntate derecho, con la espalda recta, respira profundo y cierra los ojos. Inhala desde el estómago. Exhala y relájate. Toma aire una vez más, exhala y deja salir todo. Toma aire una última vez. Mientras exhalas, siente cómo cada fibra de tu ser se relaja.

- Pon tu mano derecha sobre el corazón y respira profundo de nuevo. Exhala y relájate. Siente cómo tu palma se conecta con tu corazón. ¿Puedes sentir la calidez de tu corazón? Siente cómo tu corazón se vuelve cada vez más cálido.

- Una vez más, siente otra ola de luz cálida expandiéndose por todo tu cuerpo. Repite el proceso e imagina a la luz que rodea a tu corazón haciéndose cada vez más clara y envolviendo los sentimientos de paz, armonía, calma y calidez. No tienes que intentar pensar en soluciones y respuestas. Ya tienes todo lo que necesitas. Todo está en tu interior. ¡Siempre ha estado dentro de ti!

- Siente ese bello calor que se expande por todo tu cuerpo y siente cómo late alrededor de tu corazón.

- Vuelve a respirar profundo. Siente el poder que se origina en tu corazón y se expande más allá de tu cuerpo. Siente esa hermosa bola de energía cálida que se expande desde tu corazón. Haz esto una vez más, inhala y exhala. Esta bola ahora se expande. Incluso puede que sientas que emite sonidos.

- Piensa en tu nuevo yo. La nueva imagen de ti mismo. Siente esa bola de energía que se expande y toca a tu nuevo yo. Siéntete conectado con tu nuevo yo. Observa tus distintas versiones, incluidos los antiguos yo del pasado que te hicieron llegar a donde estás hoy. Imagina que esta bola también los toca a ellos. Mira cómo sonríen y son felices. Exhala y envíales amor. Ahora, mírate, aprende a mirarte, da un paso atrás y mira lo feliz que eres. Mira cómo triunfas. Mira cómo disfrutas la vida cada día. Mira lo feliz, lo divertido, lo amoroso que eres. Date un poco de amor. Ahora, dite a ti mismo cuánto te amas. Dite lo mucho que confías en ti mismo. Respira profundo y, a medida que exhalas, envíate esta bola masiva de amor.

- Ahora, lentamente, abre los ojos. Permanece en este estado de relajación durante unos minutos y luego, poco a poco, regresa a tus actividades cotidianas.

¡Usa esta meditación cada vez que sientas que tu mente lógica necesita unas merecidas vacaciones y que tu corazón se merece un ascenso en tu compañía!

Todo se trata de estar en contacto con tu corazón. Una vez que la conexión se reactiva o se amplifica, verás que llegan nuevas oportunidades, que los problemas comienzan a resolverse de repente, que eres más receptivo, que el dinero comienza a fluir, que ya no te preocupas por las cosas que solías preocuparte. Solo comienzas a confiar en ti mismo y en el Universo. Esta es la confianza auténtica y verdadera que te ayudará a salir y hacer lo que quieras casi sin esfuerzo.

Ahorrarás un montón de energía que desperdicias fingiendo, intentando y forzando, y podrás usarla para ser una persona más creativa y productiva, en línea con lo que deseas manifestar.

Al mismo tiempo, es momento de decirle "no" a no sentirte lo suficientemente bien, a juzgarte a ti mismo y a demandar más de ti mismo.

Estamos condicionados por nuestra cultura y lo que la sociedad nos dice que hagamos. Hay muchos "debes" y "no debes". Incluso si nos liberamos un poco al hacer lo nuestro, a veces puede que reproduzcamos antiguos programas de lo que debemos o no debemos hacer.

Debido a esto, podemos terminar sacrificando los deseos de nuestro corazón y lo que en verdad queremos. Nunca nos sentimos lo suficientemente buenos, siempre esperamos obstáculos, y ellos siempre aparecen. Luego nos quejamos o nos damos por vencidos. El patrón negativo puede convertirse en una convicción y un círculo vicioso negativo. ¡Es una carga muy pesada! Con el tiempo nos convertimos en expertos en crear cosas que no son buenas para nosotros (pero bueno, como todo el mundo lo hace, deberíamos hacerlo también, ¿verdad? De lo contrario, tal vez no nos acepten).

La mente sigue lo que todos los demás hacen o lo que se considera prestigioso. ¿Pero es bueno para ti y tu proceso? No puedo decírtelo, pero tu corazón sí puede, y ahora puedes practicar sintonizarte con él. Al igual que con todo, puede llevarte algo de práctica, pero créeme, ¡valdrá la pena!

Recuerda: si eliges tu propio camino, y sabes que es tuyo y de nadie más, ¿por qué te compararías con los demás y con sus propios caminos? No tiene sentido.

Otro ejemplo: digamos que tu color favorito es el azul, y siempre te vistes de azul porque te hace sentir feliz y alineado. Paralelamente, no te gusta para nada el verde. Después ves a todo el mundo usando pantalones verdes, y te dicen que eso les ha traído mucho éxito. ¿Qué harías? ¿Te compararías con ellos y te vestirías de verde solo para encajar, incluso si no es tu color? Claro que no. Este es un ejemplo extremo, y algunas personas incluso pueden decir que es estúpido. Lamentablemente, este es el tipo de trucos que a nuestra mente le encanta hacernos.

Concéntrate en lo que tienes y en lo que realmente deseas, sin ponerlo en un pedestal y sin compararte con los demás.

La mayoría de las personas se concentran en lo que no tienen en ese momento. Incluso si todo va bien y atraen abundancia, salud y felicidad, siguen enfocándose en el hecho de que alguien más ya es multimillonario, tiene el cuerpo perfecto y vive en una ciudad mejor. Desde luego, las redes sociales alimentan este juego constante de comparaciones.

Es por esto que estoy a favor de eliminar o reducir drásticamente tu consumo de redes sociales, o de ser más selectivo con respecto a lo que consumes (mientras escribo esto, te digo que no tengo redes sociales. En mi opinión, creo que son interesantes, pero a cada uno lo suyo. ¡Solo comparto lo que funciona para mí!).

Date cuenta de cuál es tu camino y tu misión únicos. Cada vez que tu mente comience a parlotear y a inventar pensamientos y opiniones de "pero debería hacer esto", enfócate en tu corazón, siente su calidez...

Sí, tú eres el director y el guionista de tu vida, y tu visión depende de ti. Sin embargo, el Universo conoce y entiende cuál es el camino de menor resistencia. Tu propia imagen puede jugarte a favor o en contra.

Tu actitud frente a todo lo que sucede en tu vida determina cómo se desarrollará la próxima etapa de tu camino.

Cuando ingreses en un estado mental reactivo porque te obsesionas con cuánto dinero deberías ganar, ahorrar o atraer y cómo los demás deberían percibirte, no reacciones a ello. Solo obsérvalo y suéltalo. Siéntete bien contigo mismo porque sí, porque existes y porque importas. No tienes nada más que demostrar. Ya has demostrado todo al venir a este mundo.

Además, las personas que se sienten realmente bien sobre ellas mismas no encuentran la necesidad de sentir culpa, de justificarse o recurrir a la arrogancia o vanidad (otro lado del espectro) para ocultar sus inseguridades. Libera los sentimientos de inferioridad y superioridad. Reemplázalos con neutralidad y con el sentimiento de *yo soy suficiente*.

¡Solo sé tú! No se trata de que los demás te vean como una persona súper segura de sí, se trata de cómo te ves a ti mismo. Se trata de que te des el permiso de ser quien eres, tu yo más auténtico. Juega tu propio juego. No puedes hacer comparaciones, porque nadie más puede jugar tu juego.

Capítulo 7: El simple cambio de mentalidad detrás de una motivación imparable

¿Alguna vez te has preguntado por qué algunas personas sienten la necesidad constante de recibir estímulos y motivación externa?

La verdad es que, si sabes quién eres, no buscas en otras personas la motivación para seguir adelante, pues todo se vuelve automático. Tú eres tu propia motivación. Viene de tu interior. Está arraigada en tu propia imagen, así que en verdad no necesitas buscarlo en el mundo exterior, ni tampoco necesitas otra dosis de dopamina para seguir adelante.

Por ejemplo, la antigua yo debía mirar decenas de videos motivacionales para obtener el incentivo para escribir…veamos…dos páginas; ahora solo me levanto temprano para escribir, y eso hago. Es normal para mí. Es quien soy. Mis pensamientos, mis acciones y mis sentimientos: todo está en línea con lo que escribo.

Este es el poder de la claridad y de darte el permiso de ser tú mismo. En este capítulo ahondaremos sobre cómo lograrlo al crear tu filosofía de vida y tu misión.

Tienes que crear tu propia filosofía de vida. De lo contrario, te convertirás en maestro y sirviente de las filosofías de los demás o de lo que los motiva (algo que, a largo plazo, no puede ser adecuado para ti o para tu proceso). Al mismo tiempo, esto tampoco se trata de repetir mi filosofía de vida (ya he dicho que no quiero adoctrinar a mis lectores para que piensen y vivan como yo).

Tienes que encarnar *tu propia* filosofía de vida y vivirla. Te dará claridad y libertad y ya no dependerás de los demás para obtener respuestas.

Por ejemplo, mi filosofía de vida es bastante directa:

- *¿Qué es lo que hago?*

- Ayudo a elevar la vibración del planeta.

- *¿De qué manera lo hago?*

- Escribo.

- *¿Para quién escribo?*

- Escribo para almas ambiciosas. Personas que entienden el valor del trabajo interno y lo usan para manifestar abundancia (no solo de dinero, sino también de paz interior y de todas las experiencias espirituales únicas) en todos los ámbitos de sus vidas.

Me tomó un tiempo descubrirlo, pero no tiene que ser igual para ti. Inventé un ejercicio muy simple que funciona bien para la mayoría de las personas que lo realizan. Puede que algunas de ellas necesiten algo más de tiempo, pero sigue siendo un paso práctico y significativo que las ayudará a avanzar y obtener más paz interior, enfoque y claridad.

Ejercicio:

- Escribe los nombres de las personas que te inspiran y alimentan tu motivación y tu ambición. Mientras más escribas, mejor.

Puede ser alguien que conoces en la vida real o alguien que sigues en línea o de quien puedes aprender. Puede ser un amigo, un familiar, o alguien que no conoces. Siempre y cuando te inspire de alguna manera, escribe su nombre.

Ahora, responde las siguientes preguntas:

- ¿Qué es lo que te inspira exactamente de esas personas?

- ¿De qué manera describirías su filosofía de vida?

- ¿Qué cosas defienden y contra qué cosas se rebelan?

- ¿Cómo te sientes con respecto a lo que hacen/hicieron y lo que dicen de ellos mismos?

Ahora sintoniza con tus emociones.

No estamos intentando pensar demasiado en la lógica. Sé fiel a ti mismo. Aquí no hay censura. Pregúntate:

- ¿Qué emociones sientes cuando escribes sobre las personas que te inspiran?

Esta es la buena noticia: esas personas te parecen impresionantes porque los rasgos que admiras de ellas ya están dentro de ti.

Es por esto que resuenas con ellos y te inspiran. Sí, es bastante crudo y puede llevar algo de trabajo, pero al menos logras algo de claridad sobre lo que quieres representar.

Entonces, ¿de qué manera usarías sus rasgos más inspiradores para describir tu propia filosofía de vida?

Mientras trabajas en este proceso, intenta limitar el número de oraciones y palabras que usas. Por último, ¿puedes escoger solo una palabra (o un par de palabras) que describa tu misión y tu filosofía?

En mi caso, elegiría la palabra "vibración".

Cada vez que digo la palabra "vibración", mi corazón se llena de alegría y me conecto de inmediato con mi motivación auténtica.

Una amiga mía, por ejemplo, usa la palabra "expresión". Además de bailarina también enseña baile, así que ve su trabajo como una herramienta para ayudar a las personas a expresarse y a eliminar la resistencia que las frena.

Una amiga, instructora de yoga, usa la palabra "fluir".

Una persona que conozco que trabaja en ventas usa la palabra "abundancia", y otra, en cambio, usa "atrapa dinero".

No te avergüences de tu filosofía de vida y de tu misión. Practica redefinirla y hablar de ella. Debes estar genuinamente orgulloso de quién eres y de lo que defiendes.

Recuerda que no hay apuro. Tómate todo el tiempo que necesitas, y no te sientas mal si todavía no entiendes tu filosofía de vida. ¡Al menos la estás descubriendo de a poco!

Todo llegará. Y créeme: tan pronto como tengas una idea y una misión más grandes y fuertes que tú, dejarás de luchar con la motivación o la confianza. Es como tener tu propia musa, y la victoria más significativa que puedes lograr es ser fiel a tu propia filosofía de vida y alinearte con ella. Tu filosofía de vida te ayudará a liberar tus demonios internos y todo lo que te ha estado frenando hasta este momento.

Cuando te conviertas en lo que deseas y encarnes tus deseos, el resto fluirá a tu vida. Esto incluye a las personas, las situaciones y las circunstancias que te ayudarán a llegar al siguiente nivel.

Piénsalo de esta manera: tu filosofía y tu misión de vida pueden ayudarte tanto a ti como a los demás. Úsalas para crear situaciones en las que todos ganen.

Uno de los más grandes asesinos de la manifestación es cuando te olvidas de tu filosofía de vida y te distraes persiguiendo metas ajenas. Este capítulo está pensado para ser un escudo mental y energético que puedes usar para proteger tus intenciones auténticas en los años por venir.

Tu misión

Tu filosofía es lo que te motiva, pero también necesitas a tu misión. Una expresión auténtica y organizada de ti mismo, algo que puede medirse mientras lo haces. La mejor forma de crear tu misión es preguntarte a ti mismo: ¿qué es lo que quieres lograr en los próximos dos a cinco años?

Tengo una misión a cinco años, y hay una cierta cantidad de libros sobre distintos temas (no solo de la ley de la atracción) que quiero escribir. También me gustaría formar un equipo más grande y traducir mis libros a otros idiomas para llegar a más personas (y todo vuelve a mi palabra: ¡*vibración*!).

Por lo tanto, cada vez que aparece alguna moda nueva, simplemente analizo mi filosofía y mi misión y me pregunto: ¿esto me acercará o me alejará de lo que deseo manifestar? ¿Cómo se siente?

Mi misión también me motiva a llevar una vida saludable. Cada vez que me digo a mí misma la palabra "*vibración*", siento ganas de comer más frutas y vegetales (alimentos que vibran alto).

Ten en cuenta que una misión a cinco años puede no ser para todo el mundo. Si es para ti, crea una misión de vida solo para el próximo año, o incluso para el próximo mes, para poner a prueba este concepto.

Por ejemplo, una de mis amigas tiene una misión sencilla para el próximo año: grabar y subir cien videos nuevos a su canal de YouTube, videos relacionados con su filosofía de vida de enseñar, aprender, educar e inspirar. A ella le encanta aprender sobre finanzas personales y probar distintos métodos para ganar y ahorrar dinero, y luego enseñar al público en su país natal lo que ha aprendido a través de su canal de YouTube.

Entonces, cada vez que ve un anuncio que intenta distraerla con alguna oportunidad de negocios, le es fácil resistir las tentaciones, porque sabe dónde gastar mejor su energía. Luego de cumplir su misión, ella mirará atrás, verá lo que ha creado y aprenderá de ello. Se enfocará en lo que ha funcionado; por ejemplo, en el tipo de videos de su canal que han llamado más la atención de su público ideal, y creará otra misión. ¡Se trata de mantener las cosas simples!

Uno de los peligros de lograr tu misión es sentir la tentación de ignorar otros ámbitos de tu vida (lo cual me sucedió al principio). Por ejemplo, tal vez quieras acelerar el proceso de tu éxito personal descuidando tu salud o tu vida familiar. Sin embargo, recuerda que el Universo siempre busca un equilibrio. Y trabajar con esta ley y mantener un equilibrio (incluso si te toma algo más de tiempo lograr tu misión) te servirá mucho más a la larga.

Además, recuerda que no se trata de obsesionarte demasiado con los resultados. Se trata de la persona en que te convertirás mientras completas tu misión personal, profesional, o ambas. Como dije antes, sin dudas trabajaré en ampliar mi equipo y traducir algunos de mis libros a diferentes idiomas.

Sin embargo, no me obsesiono con metas como: "debería vender esta cantidad de copias en este país. De lo contrario, seré un fracaso".

En cambio, elegiré el enfoque de la prueba consciente y la curiosidad. Será divertido ver cómo las personas de diferentes culturas reciben mis ideas, por lo que definitivamente aprenderé muchísimo.

Incluso si tu misión es tan grande que parece abrumadora, recuerda que no tienes que lograr un resultado en particular mientras está en proceso. Todo se trata de disfrutar tu propio juego y tu propio proceso. Encuentra muchas cosas pequeñas de las que puedas aprender mientras atraviesas tu proceso o cumples con tu misión.

¡Que sea inspirador! Ah, y recuerda: no tienes que saber todos los pasos. Todavía no sé todos los pasos y cómo hacer cada uno de ellos. Pero sí sé que siempre las cosas suceden y vienen a mí en el momento justo. Simplemente me concentro en la próxima palabra, la próxima oración, la próxima página, el próximo capítulo y el próximo libro.

La mejor misión es la misión que colabora con tus metas personales y al mismo tiempo ayuda a los demás. Y sí, tú también puedes hacerlo. Vuelve a leer este capítulo tantas veces como lo necesites. Recuerda: si tus modelos a seguir te inspiran de algún modo y resuenan con tus metas y filosofías, ¡significa que también están dentro de ti! ¿No es ese pensamiento lo suficientemente motivador e inspirador?

Capítulo 8: Crea tu propio proceso y manifiesta los resultados deseados

Entonces ya sabes quién eres y lo que quieres atraer. Sabes cuál es tu filosofía de vida y tu misión.

Ahora sabes lo que el éxito significa para ti y de qué manera integrar tu autenticidad con tus acciones cotidianas para manifestar la realidad de tus sueños.

Tienes control total sobre tu cuerpo, tu mente, tu energía y tus habilidades.

El éxito deja pistas, y el éxito es un proceso.

Saber algo y encarnarlo son dos cosas diferentes. Tu propio proceso será creado por tus propias experiencias y lo que funciona para ti (sabes cómo conectarte con tu corazón), más lo que puedes llegar a aprender de otras personas que estén en un proceso similar (sin compararte con ellas, por supuesto).

Mi proceso de cada día siempre consiste de tres acciones básicas y sencillas que puedo realizar hoy para acercarme de forma efectiva a mi misión. Las pequeñas acciones se acumulan con el tiempo. Una de las acciones que me comprometí a hacer es escribir a diario. Esta es la clave para cumplir mi misión. Una amiga mía que es *coach* y creadora de cursos se enfoca en crear contenido a diario, con videos de YouTube o transmisiones en vivo de Facebook. No hace falta decir que copiar su proceso no estaría en línea con mi misión y viceversa.

Al mismo tiempo, tu proceso exacto es la clave para manifestar la realidad de tus sueños mientras te conviertes en la persona que atrae lo que desea casi sin esfuerzo.

Tu proceso te ayuda a desarrollar las habilidades que necesitas para tener éxito con tus deseos. Esto te hará una persona magnética, y otras te percibirán como un líder, alguien que es sensato, imparable, que siempre obtiene lo que quiere. ¡Las personas adoran a las personas optimistas y proactivas, porque las motivan y las inspiran!

Tienes la posibilidad de escoger lo que quieres crear en tu vida. Establecer metas que contradicen tu imagen nunca funciona a largo plazo. Pero ahora que estás entrando en un alineamiento total, la forma en que las cosas sucederán será realmente mágica.

A medida que aceptas tu propio proceso, refinas y amplificas la nueva y positiva imagen de ti mismo.

Cuando apenas comencé con mi proceso, mi salario era muy pobre y no vivía en el mejor de los barrios.

Sin embargo, tenía una confianza ciega en mí misma y en mi proceso, y eso alimentó mi escritura. Recuerdo que las personas me decían que no lo lograría, pero como estaba tan inmersa en mi misión y en mi proceso, sabía en cada célula de mi cuerpo que era solo una cuestión de constancia, trabajo y concentración.

En mi mente, la idea era poner un pie delante del otro y simplemente seguir avanzando. Cada día me miraba al espejo y me felicitaba por los pasos que daba. Seguía diciéndome que era una escritora prolífica. A pesar de que, en un principio, no tenía muchos logros para demostrar, rápidamente me di cuenta de que la forma en la que los demás me veían y me trataban pronto comenzaba a cambiar. Recuerdo que un familiar, que siempre me llamaba perezosa y desorganizada, un día me llamó de la nada y me dijo: "guau, ¡lo que haces es tan inspirador! ¡Eres toda una máquina de escribir! ¡Creo que yo también voy a escribir mi propio libro!".

En ese momento, también comencé a trabajar con el espejo, ¡sin siquiera saber lo que era! Recién lo investigué más adelante, cuando estudiaba a Louise Hay y sus libros. Solo hablar conmigo misma usando palabras amables, mirarme al espejo y decirme: "lo estás haciendo de maravilla!" me ayudó tremendamente, por más simple que parezca.

Me tomó algo de tiempo descubrir esta sencilla fórmula:

Descubre quién eres y lo que realmente quieres.

Defínelo y sé amable contigo mismo.

Cree en ello por completo y encárnalo.

Piensa y actúa como si ya fueras esa persona.

No esperes ni busques la aprobación de los demás. Apruébate a ti mismo y ajusta tu mundo interno apropiadamente.

Tarde o temprano, otras personas comenzarán a percibirte como a un líder, como alguien magnético, inteligente y único. En otras palabras, lo que sea que hayas creado dentro de ti, y cualesquiera sean las palabras amables y amorosas que te hayas dicho a ti mismo (en mi humilde opinión, trabajar con el espejo te ayuda muchísimo), quienes te rodean tarde o temprano lo entenderán.

Dejé de buscar la aprobación y la validación externa; me aprobé y me validé a mí misma. Con el tiempo, mi realidad comenzó a reflejar mi actitud, e incluso las personas que me criticaban todo el tiempo de repente comenzaron a ser más amables conmigo.

Puedes usar la fórmula de la imagen propia en cualquier ámbito de tu vida. Si tienes una imagen de ti mismo como alguien que come sano y hace ejercicio y te percibes como tal, tendrás éxito en tu plan de vida sana y pérdida de peso, incluso antes de empezar tu nuevo proceso.

Cualquiera sea la meta que establezcas para ti, podrás lograrla; pero primero asegúrate de que la imagen de ti mismo respalde tu confianza verdadera y auténtica y de que todo esté alineado.

Capítulo 9: Evita estos obstáculos ocultos (y toda la verdad sobre el FOMO)

Sea lo que sea que hagas, siempre tendrás que resistir algunas tentaciones. E incluso con la nueva imagen de ti mismo, tu confianza, tu proceso y tu misión en su lugar, debes ser consciente y protegerte del miedo a perderte de algo (en inglés, FOMO, *fear of missing out*), ya que siempre hay tentaciones dando vueltas. Así es como funciona el mundo.

La verdad es que el césped no siempre es más verde del otro lado. El césped siempre es más verde en donde está tu enfoque. Veo que esto ocurre todo el tiempo en diferentes ámbitos, desde el comercio exterior hasta el *coaching*.

¿Tal vez deberías abandonar tu proceso y tu misión, porque ahora todo el mundo está siguiendo esta nueva moda y te la estás perdiendo?

Siempre habrá algunas excepciones, por supuesto, y a veces puede aparecer una buena oportunidad que funcionará perfectamente bien para ti. El corazón, sin dudas, encontrará la respuesta correcta. Pero si sueles distraerte y salirte del camino todo el tiempo, ¿será entonces el momento de protegerte de este patrón negativo?

Por ejemplo, ahora mismo estoy muy involucrada en mi proceso de escritura; tengo un horario que me encanta seguir. La semana pasada, un viejo amigo me contactó por una nueva oportunidad de negocios muy tentadora, ya que poseo habilidades bastante aceptables que puedo utilizar para hacer que funcione. Mi amigo me habló sobre varias historias de personas que tuvieron éxito con este sistema, y de cómo podría lograrlo fácilmente gracias a mi experiencia y mis habilidades. Me dijo que podía enseñarme todo lo demás, que lo aprendería relativamente rápido si me esforzaba lo suficiente, y que más adelante necesitaría mi testimonio para ayudarlo a promocionar su entrenamiento.

Todo sonaba muy bien, e incluso las inversiones potenciales para promocionar mi nuevo negocio no eran tan importantes. Era una oportunidad legítima y realmente tentadora.

Durante algunos días sufrí de FOMO, sentía mucho miedo de perder esta oportunidad. Pero me pregunté: ¿qué tipo de emociones sentiría si alcanzara un potencial éxito con esta nueva oportunidad? ¿Una nueva comunidad de emprendedores? ¿Un par de nuevas habilidades? Todo suena genial, pero también están las emociones que siento con solo enfocarme en hacer lo que hago y en hacerlo cada vez mejor.

Si elijo enfocarme en esta nueva oportunidad, tendría que tomarme unos meses (o más) de descanso de la escritura. Y no solo eso, tampoco podría llevar a cabo mi rutina de cuidado personal ni podría encargarme de otros proyectos que se alinean con mi misión mayor.

Seguí ahondando más profundamente y me pregunté:

Si aceptara esta nueva oportunidad, ¿cuál sería mi motivación? ¿Sería algo positivo o negativo?

De inmediato me di cuenta de que era una motivación negativa basada en el miedo (*¡no quiero perdérmelo!*), combinada con otros temores (*¿pero qué ocurrirá cuando pierda mi motivación e inspiración para escribir? ¿Acaso debería hacer otra cosa?*).

Mi mente todavía intentaba ponerse en mi contra con un nuevo intento: *ah, pero si esta oportunidad tiene éxito, podrás ganar más dinero; el cual puedes usar para convertir tus libros en audiolibros mucho más rápido, expandir tu equipo, traducir los libros a otros idiomas y contratar a más personas para que te ayuden.*

De nuevo, sentía este miedo de ir demasiado lento con el proceso y una sensación de que tenía que moverme cada vez más rápido.

Sin embargo, luego volví a conectarme con mi filosofía de vida, mi misión y mi proceso. Menos es más. Al concentrarme en una cosa a la vez, puedo darle toda mi atención, y eso es lo mejor para crear mi propio ritmo constante. Puedo acelerar las cosas sin intentar acelerar las cosas.

Aceptar el proceso y alinearse de manera auténtica no siempre es fácil. Y una vez que lleguemos a ese punto (como yo con mis libros), los antiguos patrones y las tentaciones (incluido el miedo de perderte nuevas oportunidades) pueden aparecer para tentarnos. Recuerda, no dejes que te seduzcan y mantente en tu camino.

Por lo tanto, eventualmente decidí dejar pasar esta nueva oportunidad que mi amigo me estaba ofreciendo. Me di cuenta de que siempre habría oportunidades muy parecidas.

Además, en el caso de oportunidades tan increíbles que tienes miedo de perdértelas, ¿por qué serían increíbles? Quiero decir, ¿"increíbles" para quién?

Incluso me atrevería a decir que no existe algo como una "nueva oportunidad increíble". Solo existe esta nueva energía increíble: es tuya. Se trata de tu enfoque y lo que decidas hacer con ella. ¡Tu energía hará que todas tus oportunidades únicas sean increíbles!

La forma más efectiva de superar los obstáculos y manifestar tus deseos más profundos es apegarte a tu proceso. Incluso si surgen nuevas tentaciones o viejos patrones.

¿Quizás el Universo te está poniendo a prueba? ¿O quizás la antigua imagen de ti mismo quiere aparecer de nuevo para tener la última palabra?

Sea lo que sea o quien sea que esté detrás de esto, puedes usarlo a tu favor para ayudarte a aferrarte aún más a tu propio proceso, y seguirlo hasta que termine tu misión y se cierre el capítulo de tu vida en el que estás trabajando ahora mismo.

Capítulo 10: Amplifica la imagen de ti mismo con pensamientos poderosos (Lo que los gurús no quieren que sepas)

Cada pensamiento que tienes conlleva una energía determinada. Y es esta la que determina la calidad y los resultados de tus acciones. Tu pensamiento dominante es lo que determina tu energía.

La imagen de ti mismo no son solo las palabras que dices y las cosas que haces. También son tus pensamientos (y por lo tanto tu energía predominante).

Las palabras que dices tienen su origen en tus pensamientos predominantes y en tus patrones emocionales.

Entonces, ¿quién eres tú a nivel de energía y de pensamiento? Sea lo que sea que estás pensando, lo estás atrayendo. Esto es la base de la ley de atracción. Soy consciente de que la mayoría de los lectores ya la conoce.

¿Cómo hacer que tus pensamientos funcionen para ti? ¿Es posible tener pensamientos cien por ciento positivos todo el tiempo? ¿O acaso existe otra opción que podemos usar para crear la realidad que queremos?

Bueno, no se trata solo de lo que hacemos, sino de cómo lo hacemos. La forma en la que piensas en lo que deseas es importante. Y no me refiero solo al simple pensamiento de "pensar si puedes lograrlo o no". Podemos ir aún más profundo. Es bastante obvio que si piensas que no puedes hacer algo, entonces el Universo sabe que ni siquiera te interesa, y es muy probable que nada suceda.

Sin embargo, la mayoría de las personas nunca consideran esta posibilidad (y la mayoría de los gurús nunca hablan de ello): crees que puedes hacer algo, pero le das demasiada importancia y lo pones en un pedestal, y eso hace que tus manifestaciones se bloqueen (el Universo siempre busca un equilibrio). Apasiónate por tus metas, por tu filosofía de vida y tu misión, pero no te enamores de ellas. Encuentra el equilibrio.

Otra posibilidad: crees que tienes pensamientos positivos o intentas pensar en positivo, pero por dentro sigues arrastrando creencias limitantes.

Por ejemplo, digamos que una persona lee libros sobre dinero y la ley de la atracción e intenta pensar en positivo. Cuando le preguntan sobre dinero, solo repite la información que aprendió de los libros: "el dinero es bueno" y esas cosas. Sí, aprendió la parte lógica, lo cual es excelente; pero en el fondo puede que aún le tenga miedo al dinero o esté triste por no tener suficiente.

Lo mejor que puedes hacer es comenzar dando pequeños pasos para cambiar de a poco tus sentimientos y emociones y desarrollar un alineamiento y una transformación total.

Puedes lograrlo si relees este libro y alineas la imagen de ti mismo paso a paso.

La repetición positiva ayuda a eliminar toda clase de bloqueos negativos. Es tan simple como eso.

Cada vez que descubras que vuelves a pensar en viejos pensamientos, solo analízalos y atrápalos. No los juzgues ni te juzgues a ti mismo por tenerlos.

La mejor forma de llevar todos tus deseos del plano cuántico al plano físico es conectar con ellos a nivel emocional mediante tus pensamientos dominantes. Mientras más seas consciente de tus pensamientos, más fácil será.

Volvamos al ejemplo anterior: una persona lee un libro sobre dinero y positividad y decide usar algunas afirmaciones como: "amo el dinero, atraigo abundancia", etcétera. Cuando le preguntan sobre dinero, te dirá: "sí, amo el dinero. ¡El dinero es bueno!".

Ahora bien, después ve a alguien exitoso y comienza a juzgar a esa persona, a pensar cosas como: "¿por qué tiene un bolso tan costoso? ¿Por qué tiene que decirle a todo el mundo cuánto dinero gana o dona? ¿Y por qué gasta su dinero en autos? Si fuera rico como él/ella, haría esto o aquello...".

Por cierto, yo también solía juzgar. Juzgaba a quienes tenían dinero y a quienes no. Lo que sea; siempre encontraba la forma de darles consejos que nadie pidió sobre lo que deberían hacer, jajaja.

Tenía que soltar todo eso. Quiero decir, ¿a quién le importa? ¿Por qué seguir juzgando a los demás? Es su vida, sus elecciones y su energía. Todos hacemos elecciones diferentes. A algunos de mis lectores les gustaría comprarse ropa cara, a otros les gustaría viajar, y otros preferirían invertir o donar el dinero. A algunos les gustaría hacer un poco de cada cosa. Las personas toman diferentes decisiones. Respeta las decisiones de los demás y atraerás más su respeto. Una vez que hayas llegado a ese punto, realmente te sentirás así: *Guau, mis pensamientos predominantes son positivos y mis acciones no los contradicen. Ahora solo puedo atraer más cosas positivas a mi vida.*

O quizás ya conoces esa sensación.

Aceptar las elecciones de los demás sin juzgarlas es una de las técnicas más poderosas, no solo para tener pensamientos positivos, sino también para vivir de acuerdo con ellas y encarnarlas.

El dinero quiere ser tu amigo, el amor verdadero quiere ser tu amigo, los viajes quieren ser tus amigos; lo que sea que tú quieras también quiere ser tu amigo.

¿Puedes transformar el dolor en poder? ¿La escasez en abundancia? ¿El rechazo en amor? No importa lo que tu viejo yo hizo o atrajo, ahora estás a salvo. Ahora estás en un lugar mejor. Mantente en esta nueva vibración y mira cómo tu realidad se transforma. ¡No puedo esperar para ver cómo todo se desarrolla para ti!

Conclusión: Cree en ti

¡Sigue expandiéndote y no te detengas!

Mira cómo tu energía se transforma. Personifica tus deseos. Sé tus deseos. Reafirma tus deseos con lo que haces y con lo que piensas de ti mismo, no solo con lo que dices.

No te desalientes ni te impacientes si te toma más tiempo manifestar tus deseos; el viaje en sí mismo es tu destino. A medida que te exploras a ti mismo y a tus habilidades de manifestación, te conviertes en una mejor persona. Sé amable contigo mismo y con los demás y cultiva una mentalidad positiva, inculcada de gratitud infinita. ¡Simplemente es un regalo para quienes te rodean!

Sigue practicando todo lo que has aprendido y sigue compartiendo estos conceptos con los demás. Juntos podremos cambiar el mundo si mejoramos la vibración del planeta de manera colectiva.

Espero de todo corazón que este libro te haya inspirado y te haya brindado herramientas nuevas para ampliar tu conocimiento y crear conciencia.

¡Eres ilimitado! ¡Eres poderoso! ¡Eres increíble!

¡Creo en ti y te deseo todo lo mejor en este proceso!

Si tienes unos minutos, te agradecería tanto que me dejes una breve reseña en Amazon. Cuéntale sobre este libro a otros lectores de la ley de la atracción: a quién está dirigido, de qué manera puede ayudarte y por qué.

Gracias, gracias, gracias.

Espero que volvamos a "encontrarnos" pronto.

Con mucho amor,

Más Libros de Elena G.Rivers en Español

La mentalidad para atraer el dinero: Deja de manifestar lo que no quieres y cambia tu mente subconsciente hacia el dinero y la abundancia

Desmitificando los secretos de la manifestación: Técnicas avanzadas sobre Ley de la Atracción para manifestar tu realidad soñada al cambiar tu autoimagen para siempre

El Amor de la Atracción: Secretos probados para dejar la mentalidad basada en el miedo, activar ley de la atracción y comenzar a manifestar tus deseos

Libro de actividades de ley de la atracción: Cómo elevar tu vibración en 5 días o menos para manifestar la vida y la abundancia que mereces

La visualización desmitificada: Los secretos nunca antes contados para reprogramar tu mente subconsciente y manifestar la realidad de tus sueños en 5 pasos sencillos

Escribe para manifestar: Ya es momento de diseñar y atraer la vida que sueñas con el método Scripting (incluso si piensas que no es posible

Encontrarás más buscando "Elena G.Rivers" en Amazon y en nuestra web:

www.loaforsuccess.com/spanish

Contacto:

info@LOAforSuccess.com

For English website & books visit:

www.loaforsuccess.com

www.ingramcontent.com/pod-product-compliance
Lightning Source LLC
Chambersburg PA
CBHW071407080526
44587CB00017B/3196